自分のデータは自分で使う

マイビッグデータの衝撃

酒井崇匡

星海社

68

SEIKAISHA SHINSHO

謎のアメリカ人からのメッセージ

「アメリカであなたの親戚の男性が見つかりました」

私がそんな通知を受け取ったのは、2013年の夏のことです。慌ててWebページを開くと、今まで会ったこともない、見知らぬ若い白人男性の顔写真が表示されています。彼が送ってきた、「よっ、兄弟!」という感じの軽いノリのメッセージも届いています。一体、何が起こっているのか、心の裏側がゾワッとするような衝撃を受けたことを今でも鮮明に憶《おぼ》えています。

私が受け取った通知は、23andMeというアメリカの遺伝子検査サービスからのものでした。そういえば、唾液サンプルの解析結果がその少し前に届いていていました。メッセージを送ってきてくれた謎のアメリカ人の若者に聞いたところ、彼のお祖母《ばあ》さんは日本の方らしく、私と数世代前でつながっているらしいのです。23andMe上の親戚を検索するシステムを利用して、私に辿《たど》りついたようでした。スゴイ！　と思いましたし、同時にゾッとしました。今まで親や親戚からしか教わることがなかった血縁について、自ら主体的に知ることができるようになったというのは素晴らしいことです。一方で、人によっては親から聞かされてもいなかった兄弟がいきなり見つかる、というようなことも起こりうる。反対に、兄弟そろって遺伝子検査を受けてみたら、実は血縁関係がないことが発覚してしまうかもしれない。私のように別の国に自分の親戚が見つかる人は結構いるだろうし、自分が外国の血を受け継いでいることが分かる人もいるかもしれない……。単純に病気のリスクや体質を診断するためのものだと思っていた遺伝子検査が、実はそれ以上に、自分の知らない自分をあばきだし、アイデンティティを強く揺さぶる可能性を秘めたものなのだと強く感じました。

今、これまでにない新しいテクノロジーが私たちの日常生活に浸透しつつあります。遺伝子検査、ウェアラブル端末、ライフログ（行動履歴データ）、ビッグデータ、ＩｏＴ（Internet of Things）、ＡＩ（人口知能）……。そのような得体のしれない新しい言葉が、ニュースをにぎわすことも増えてきました。でも、いまいちピンと来ていない方も多いのではないでしょうか。それらによって「できること」はなんとなく分かっても、それが自分の日常生活にどんな影響をもたらすのか、私たちの意識や価値観がどのように変わり得るのかを具体的に思い浮かべるのは簡単ではありません。

では、新しいテクノロジーがもたらす変化はそれほど大きくないのでしょうか？　そんなことはありません。思い出してみてください。ＳＮＳが初めて登場した時、私たちはそれらが自分たちの意識にどれだけ大きな影響を及ぼすことになるか、予想できたでしょうか。頼まれてもいないのに毎日の食事の写真を撮り、友達の投稿に「いいね！」を押しまくり、自分の誕生日に幾つお祝いコメントが来るか気にする、そんな生活が待っていると想像できた人はほとんどいなかったのではないでしょうか。ですが、変化は確実にやってきたのです。

しかも、今起こっているのはSNSの登場よりもずっと根本的で、私たち一人ひとりに直接関わる変化です。なぜなら、冒頭で紹介した遺伝子情報や、ウェアラブル端末によって計測される脈拍などのバイタルデータ、スマートフォンに蓄積されるライフログ、そして、それらを解析する新しいテクノロジーがあばこうとしているのは、これまで明らかにされてこなかった、私たち自身に関する大量の情報だからです。それは、住所・氏名・年齢などの個人を識別するための「個人情報」よりも、ずっと多様で、可変的で、自分の姿をあからさまに映し出す情報です。これから私たちは、そのような大量の「自分情報」が爆発する時代、マイビッグデータの時代を迎えようとしています。

マイビッグデータ時代には、今まで知らなかった自分と向き合い、対話していくことが私たちの日常になっていきます。それは、これまで人と人との間（C to C）、あるいは、国・企業など集団と人との間（B to C）で行われてきたコミュニケーションに、自分と自分による自己対話（Me to Me）という新しい側面が加わることも意味します。その時、私たちの日常はどう変化していくのでしょうか。

技術ではなく、私たち生活者の視点で未来を予測する

私は普段、博報堂《はくほうどう》という広告会社のシンクタンク、博報堂生活総合研究所の研究員として働いています。この研究所は1981年の設立以来、30年以上にわたって、私たち生活者の意識や価値観、ライフスタイルについての研究を行っている機関です。私も日夜、生活者の意識や価値観の今後の方向性について、研究を続けています。

今、浸透しつつある新しいテクノロジーは、人々の意識や価値観にどのような変化をもたらすのか？　研究員として様々な生活者へのインタビューや意識調査を行う傍らで、遺伝子検査を受け、24時間ずっとウェアラブル端末をつける生活を送って見えてきたのは、これは何かが簡単になったり、時間が短縮されたりといった「これまでより便利になる」レベルではない、私たちにとっての「自分」という存在のあり方を覆しかねない根本的な変化だという事実です。

それなのに、予測される未来をテクノロジー側から説明している本はたくさんあるものの、生活者の意識や価値観から語っている本はほとんどありません。最も大事なのは、「テ

クノロジーでどんなことができるようになるか」ではなく、「そもそも私たちはどう生きていきたいのか」であるはずなのに、です。生活者意識の変化を日夜研究している立場として、「できること（＝技術）」発想ではなく、「やりたいこと（＝生活者の欲求・価値観）」発想で未来が予測できないか。それが、この本を書こうと考えた動機です。

本書は、ページの通りに読み進めて頂いても結構ですし、実体験を基にした第1章の後で、未来の暮らしを予測した第6章を先に読んで頂くのも良いかと思います。

まず第1章では、私自身を実験台にして、「知らない自分があばかれる」とは具体的にどういうことなのか、ご紹介していきます。冒頭の遺伝子検査だけでなく、ウェアラブル端末やスマートフォンのライフログアプリなどを実際に使用して、様々な側面から、今まで見えてこなかった自分の姿を明らかにしようと試みました。これらの新しいデバイスやサービスはそれ自体が発展途上のため、機能によっては普通の使い方をしていても正直、それほど面白くない場合も結構あります。そのため、通常の使い方とはちょっと違う「変な」使い方も色々と試してみました。そんな私の狙い通りに、いやむしろ私の想像を超えて、えげつないほど浮き彫りにされた自分の姿を見ることができました。

第2章と第3章では、若者への調査活動や、20年以上にわたる生活者意識調査のデータを基にしながら、私たち生活者が今、どのような欲求を高めつつあるのかをみていきます。さらに第4章では、マイビッグデータ時代を私たちが開くための一つの鍵になるであろう「自己対話」について、その道のプロの方にお話を伺っています。心療内科医、禅僧、山伏と、まったく違う分野の3名の自己対話のプロに登場してもらいましょう。

第5章では、新しいテクノロジーに対して生活者はどのような希望や疑問を抱いているのかを、今回新たに実施した意識調査から紐解《ひもと》きつつ、次の時代に私たち生活者に突きつけられる問いを考えていきます。

そして第6章では、新しい時代に生まれる新たな価値観やライフスタイルについて、大胆かつ勝手に予測してみたいと思います。マイビッグデータ時代を迎えた後、今よりちょっと先の暮らしを、各未来予測キーワード毎にショートストーリーにしてご紹介していきます。

この本は新しい時代の「自分」との幸せな関係の作り方についての考察でもあります。今後、否応《いやおう》なく増えるであろう大量の自分情報、マイビッグデータを、あなただったらどう役立てたいか、どう楽しみたいか、ぜひ本書を読みながら考えてみてください。自分たちの欲求を起点に未来を考えることで、新しいテクノロジーに振り回されるのではなく、私たち自身がテクノロジーの使い方、それによる幸せの作り方を発明していけるはずだからです。

そして、企業のマーケティングに携わっている方、新しいテクノロジーやそれを基にしたサービス、プロダクトを作りだそうとしている開発者の方にもぜひこの本を手に取って頂ければと思います。これからの生活者に受け入れられるアイディアのヒントが、きっと見つかるはずです。

目次

第2章　〝つながり〟から離脱する若者たち　65

第4章 自己対話のプロたち

第5章 きつけられる問い、迫られる選択 135

第1章
マイビッグデータに触れる衝撃

ウェアラブル端末で計測される脈拍などのバイタルデータ、遺伝子検査で明らかになる病気リスクや能力、家系の情報、スマートフォンに蓄積されるライフログ……。これまで知ることのなかった私たち自身からあふれ出る情報、マイビッグデータのある暮らしとは、一体どんなものなのでしょうか。

それを探るには、自分を実験台にしてみるにかぎります。私は既に商品化・サービス化されている新たなテクノロジーを手当たり次第に使ってみることにしました。第1章では私の体験を中心に、マイビッグデータが可視化されると一体何が起こるのかを見ていきたいと思います。

ウェアラブル端末をつけて婚活パーティーに行ってみた

まず、ウェアラブル端末で自分の脈拍を計測することから話を始めてみましょう。私が使用したのは腕時計型のウェアラブル端末です。脈拍や体温、血圧など、人間の生命活動を表すデータはバイタルデータと呼ばれており、その中でも脈拍を計測できるウェアラブル端末が最近、増えてきています。腕時計型の製品には、ほぼ24時間ずっと脈拍や活動量(加速度センサーによって計測される体の動きの量)を計測し続けられるものもあり、私も入浴時以外ずっと、自分の脈拍と活動量を計測しています。といっても、私は端末を腕にはめるだけ。後は全部、端末が計測したデータを自動的にスマートフォンに送信してくれます（そのような製品には、EPSON の PULSENSE、Jawbone の UP シリーズ、Fitbit の Charge HR などがあります。私は EPSON の PULSENSE を使用しました）。

さて、どんなシチュエーションで脈拍の変化を計測するのが面白そうか……、そのことだけを真剣に考えた私が出した結論は、「ウェアラブル端末をつけて人生初の婚活パーティーに参加してみる」でした。真剣に考えた割に理由は単純で、「最もドキドキしそうだったから」です。私は現在独身ですし、将来結婚したいとも思っているので、婚活パーティーに参加することに問題はありません（そして何より、もともと一度行ってみたかったんです）。

とある真冬の週末、ついにその日がやってきました。きちんとウェアラブル端末を充電し、スマホにデータが送られていることを確認してから、婚活パーティーの会場に向かいます。私が参加したのはお見合いタイプの婚活パーティーでした。幾つかのブースが会場に並んでおり、その中に女性参加者がひとりずつ座っています。男性参加者はブースを順番に回り、それぞれの女性と10分程度会話をしていく、という形式です。

受付を済ませた段階で、小心者の私はかなりドキドキしていました。考えてみたら、この2、3年の間、合コンすら一度も行っていません。「出会いの場」というもの自体がかなり久しぶりなのです。

参加者が全員揃うと、指定された番号のブースに入るように指示されました。記念すべき人生初の婚活パーティーの最初の相手。果たしてどんな女性なのか。勇気を出してブースの中に入ってみると……誰もいません。動揺してブースの入り口あたりをウロウロしていると、運営スタッフがやってきました。

「すみません。女性に一人キャンセルが出てしまったので、この回が終わるまでブースの中で少々お待ちください」

「そういうことは先に言っといてくれ！」と叫びたい気持ちを我慢して、ブースの中でしばらく待機します。記念すべき最初の相手がまさかの当日キャンセルとは……。暇なので隣のブースの会話に聞き耳を立てていると、「へー、ご趣味はテニスなんですね」とお見合いっぽい会話が聞こえてきます。これを何回も繰り返すのか、と思うと少し気持ちが萎《な》えましたが、お陰で落ち着きを取り戻しました。

10分経って、隣のブースに入るように指示されます。今度はちゃんと女性が座っていました。先ほど隣のブースに聞き耳を立てていたのが奏功《そうこう》し、その人、その次の人とは緊張もせずに会話をすることができました。これは結構慣れてきたな、そう思った矢先、3人目の女性がブースに入った私をまったく見ようとしません。ずっと窓の向こうの景色を眺めています。「あの、初めまして、酒井《さかい》といいます」おずおずと話しかけると、一瞬こちらを見て「○○です」と名前だけ告げて、また窓の外に目を向けてしまいました。その後は、何を言ってもけんもほろろ。永遠とも思える、ただただつらい時間が続きました（念のため断っておきますが、これは全て実話です）。

脈拍で浮き彫りになる〝恥ずかしい自分〟

3人目の女性から受けた衝撃があまりにも強すぎて、そこからは放心状態。あとはただただ流れに任せて、順番に会話をしていきました。女性参加者全員と話し終わり、いよいよマッチングの時間です。一番話が弾んだ5番目の女性を希望シートに書いてスタッフに渡します。そこからは運営側が男女双方の希望を照らし合わせ、順番に参加者に声をかけていきます。しかし、次々と他の参加者が呼ばれていく中、私は一向に声をかけられません。悪い予感がする……。「ま、今日はあくまで研究の一環だから」そう平静を装ってはみたものの、壁に貼ってあるポスターを無駄に熟読している自分がいます。とうとう、ほとんど人がいなくなったところで、ようやく声をかけられました。

ところが、運営スタッフが「この方でいかがでしょうか？」と差し出したのは、なんとまったく目を合わせてくれなかった3番目の女性の名前。もちろん私は書いた覚えがありません。一体どういうことなのか分かりませんが、さすがに目も合わせてもらえない人とまた会うのはキツすぎます。「すみません……、断ってもいいですか？」と尋ねると、今度はスタッフが「えっ、この人書いてないですか!?」と動揺し始めました。どうも照合を間違えていたらしいのです。初めての婚活パーティーでこんなに想定外の事態が降りかかるとは思ってもいませんでしたが、お陰でかなり脈拍は変化していました（ちなみに、結局5番目の女性と連絡先は交換できたものの、残念ながら恋愛関係には発展しませんでした）。

さて、なんだか話が長くなりましたが、ここで問題です。私の脈拍が最も上がったのは、この一連の流れの中のどこだったか、お分かりになるでしょうか？


正解は、マッチング希望を出した後の待ち時間です。他の参加者が次々と声をかけられて部屋を出ていくのに、自分はまったく声をかけられず、壁のポスターを無駄に熟読していた時の脈拍数が、この日の最高値だったのです。

平静を装っていたものの、自分は結局、誰からも選ばれないかもしれない……、そんな恥ずかしさが、この日一番の「ドキドキ」を叩き出したのです。なんだか、見たくもない自分の変なプライドの高さを見せつけられたような気がしました。

脈拍などのバイタルデータから浮かび上がるのは、何も「こうありたい」と望んでいる自分の姿だけではありません。むしろ、隠したい、恥ずかしい自分の姿を突きつけられることだってあるのです。

ウェアラブル端末のこのような使い方は、現在のところまったく一般的ではありません。後述するように、脈拍や活動量のデータは、スポーツをした時の運動負荷や消費カロリーの計算、あるいは日常生活の活発度や睡眠の質など、主に自分の健康状態の把握に活かされるのが普通です。

ですが、デバイスや解析技術が進化して、感情の高まりや緊張度など心の動きまで詳細に可視化されるとしたら？　私たちは、今まで気づいていなかった自分の姿と向き合うことになるのかもしれない……。私はそんな大きな衝撃を抱えながら、家路につきました。

プロとアマが同じ土俵に

さて、もう少し一般的なウェアラブル端末の使い方についてもご紹介しましょう。すぐに実用性を感じたのは当然のことながら運動の記録です。私も30歳を過ぎて（実際にはその前からですが……）だいぶ腹周りが気になりだしているので、ダイエットのためによく自転車に乗ります。ウェアラブル端末で脈拍や活動量が取れていれば、どのくらいの負荷の運動を何分して、その結果、何カロリーの消費になったか、自動で記録してくれます。さらにそのデータを蓄積することで、今週、あるいは今月どのくらい運動していて、それが先週や先月に比べて増えたのか減ったのか、目標の体重まで減量するには、今の運動で十分かどうかなどの様々な情報を知ることができます。

運動量を計測する機器としては、これまでも万歩計やNike+などがあったので、皆さんもご想像がつくと思います。最近だと、特定のスポーツに特化して、さらに多くの情報を記録できるウェアラブル端末も出てきています。例えば、Rip Curl の SEARCH GPS は、サーフィン専用の腕時計型ウェアラブル端末です。ＧＰＳが内蔵されており、この端末をつけてサーフィンをす

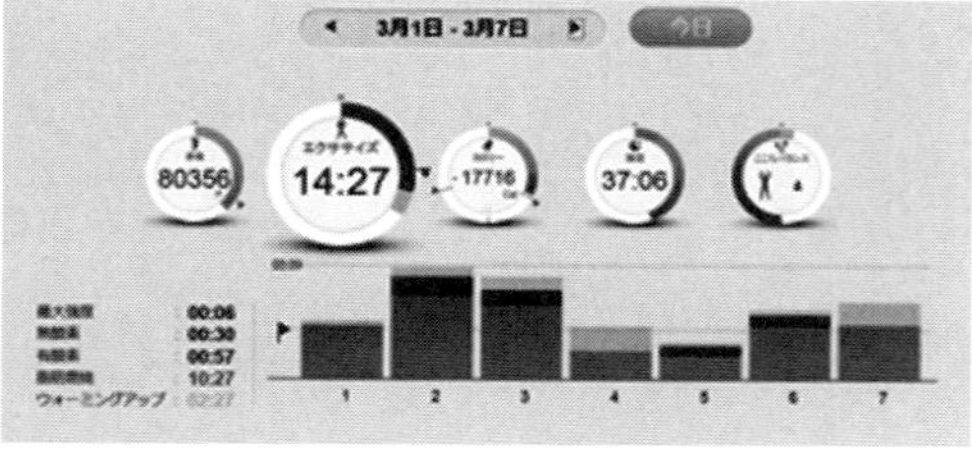

図１　著者のある１週間の運動量の推移例。
EPSON「PULSENSE View」より。

ると、その日の一本一本のライド（波乗り）について、コースや距離、最高速度などを浜辺の衛星写真上に表示してくれます。さらに、そのデータをＳＮＳで共有することもでき、同じポイントでプロサーファーはどのくらいの距離、どのくらいの速さで波に乗ったのかまで分かるようになっています。他にも、テニス専用、水泳専用など、各スポーツに特化したウェアラブル端末が相次いで商品化されています。

　このような動きについて、４００ｍハードル日本記録保持者で現在は指導者として活躍されている為末大《ためすえだい》さんは、ウェアラブル端末の浸透によってアマチュアスポーツのレベルが格段に向上すると予測しています。自分のフォームのどこに問題があるか、ウェアラブル端末によってその場で確認ができるようになれば、アマチュアでもフォーム修正やプロの動きを真似ることができ、競技レベルが全体的に底上げされま

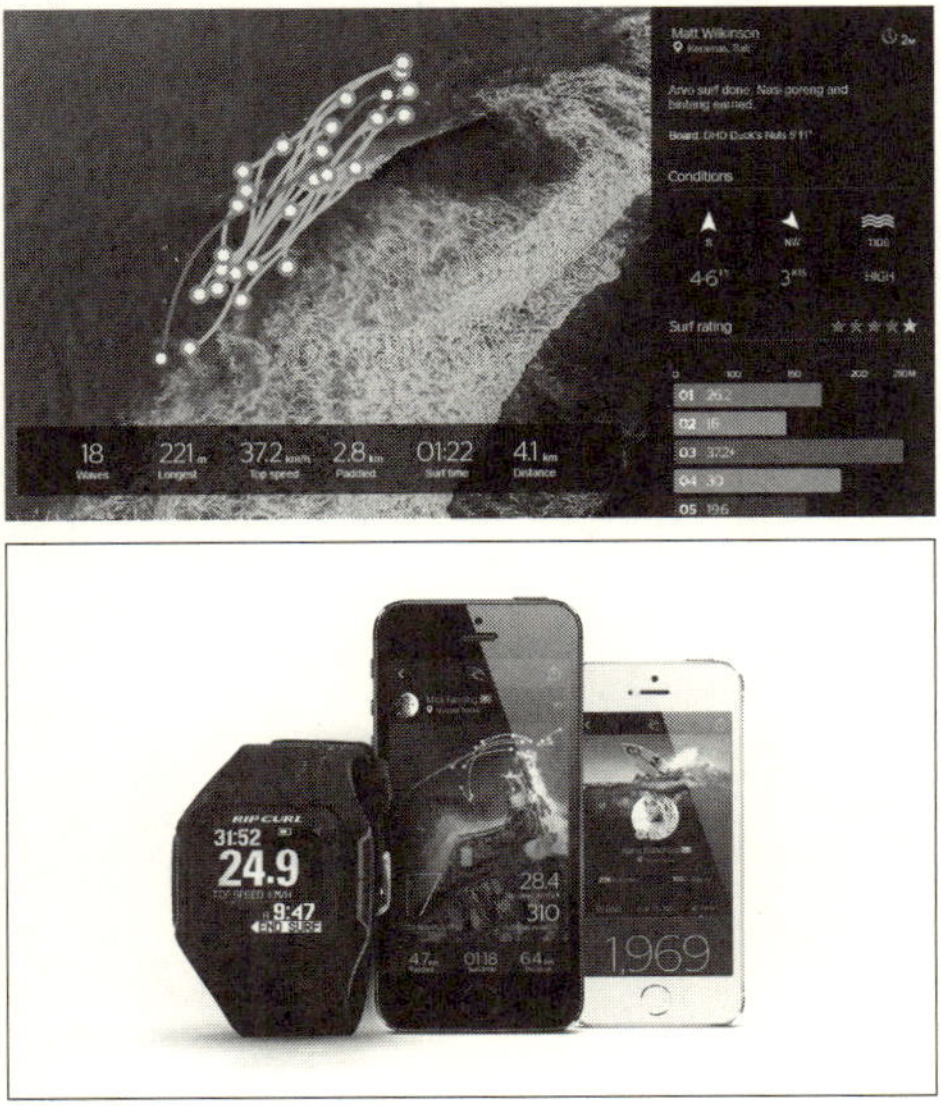

図２　サーフィン専用ウェアラブル端末
SEARCH GPS による波乗りの可視化

す。インターネットの普及によって、将棋の棋譜や打ち方に関する膨大な情報に誰でも手軽に触れられるようになり、アマチュア棋士のレベルが向上したそうです。それと同様のことが起きるのではと為末さんは予測しているのです。

編集者に追い込まれ、悪化する睡眠を計測してみた

一方、運動している以外の時間帯のデータについては、計測し始めてしばらくは、正直、何が面白いのかまったく分かりませんでした。仕事をしている時や寝ている時、食事をしている時もずっと計測しっぱなしなので、一日が終わる頃にはその日の私の脈拍データが全てグラフで表示されるわけなのですが、So What?（だから何？）感が否めないのです。確かに色々な情報が出てくるのです。例えば、その日一日の中で作業やミーティングなどのために脈拍が高かった時間が何分で、ネットやテレビを見ながらリラックスしていて脈拍が低かった時間が何分、というデータを見ることができます。また、睡眠時の脈拍の高低から、この日は浅い眠りが何分で、深い眠りが何分だった、というデータも見ることができます。

しかし、今日一日分のデータだけを見ても、「まぁ、そうだよなぁ」という結果でしかな

いのです。今日どのくらい忙しかったか、どのくらいよく眠れたかは、脈拍を測らずともだいたい分かります。メモ魔、記録魔ならいざ知らず、小学校の夏休みの宿題以外で日記もつけたことのない私のような人間の場合、これだとあまり意味を見出せないのです。

それでも、我慢して1ヶ月、2ヶ月と使うことで、だんだんと「これは面白いんじゃないか？」と思うようになりました。例えば、「今月はゆっくり休む暇がなかったなぁ」と感覚的に思っていたものの、数値で比較すると「リラックス状態だった時間の合計は、実は先月と大して変わっていない」ということが分かってきます。確かに休日出勤を何日かしていたものの、平日の仕事後に家でゆっくりしていた時間は先月よりも長かった、ということに気づくのです。また、「ストレスのせいか、どうも最近、眠りが浅い」という感覚が本当に正しいのかも、過去のデータと数値で比較すれば確認ができるのです。

例えば、図3のデータはウェアラブル端末が計測した2015年1月〜5月の各月の私の睡眠の深さを自分で集計しなおし、浅い眠り、深い眠りの比率を示したものです。正月休みなどもあった1月は全体の4割くらいを深い眠りが占めていましたが、1月よりは休みが少なく、講演などで出張も続いた2月〜4月は深い眠りが2割台に低下しました。ただ、この3ヶ月間は比率がほとんど変わっていないため、例えば私が4月に、「どうも今月は、先月に比べて、眠りが浅いなぁ」という感覚を持っていたとしても、1ヶ月間でならしてみれば、それは単なる気のせいだった、ということになります。しかし、5月は一段と深い眠りの比率が低下し、わずか1割くらいになってしまいました。ちょうど、この本の執筆にゴールデンウィーク返上でかかりきりだったのです。編集者の今井《いまい》さんからは「絶対、今月中に書き上げてください！」と追い込みをかけられ、マイペースが売りの私もさすがにプレッシャーを感じていたのでしょう。見事に眠りの質が悪化しています（ちゃんと計画的に執筆していれば眠れぬ日々を過ごすことにはならなかったはずで、完全に自業自得なのですが……）。

消費カロリーなどをすぐに確認したい運動時の計測と違って、日常生活のデータはそう頻繁に確認する意味がないため、何が面白いのか最初は理解できません。でも、長期間ずっと計測することで、これまでなんとなく感じていた、「休む暇がない」「眠りが浅い」といった状態を明確に時系列で比較できるようになります。日常生活におけるバイタルデータは、ある程度の期間蓄積することで初めて

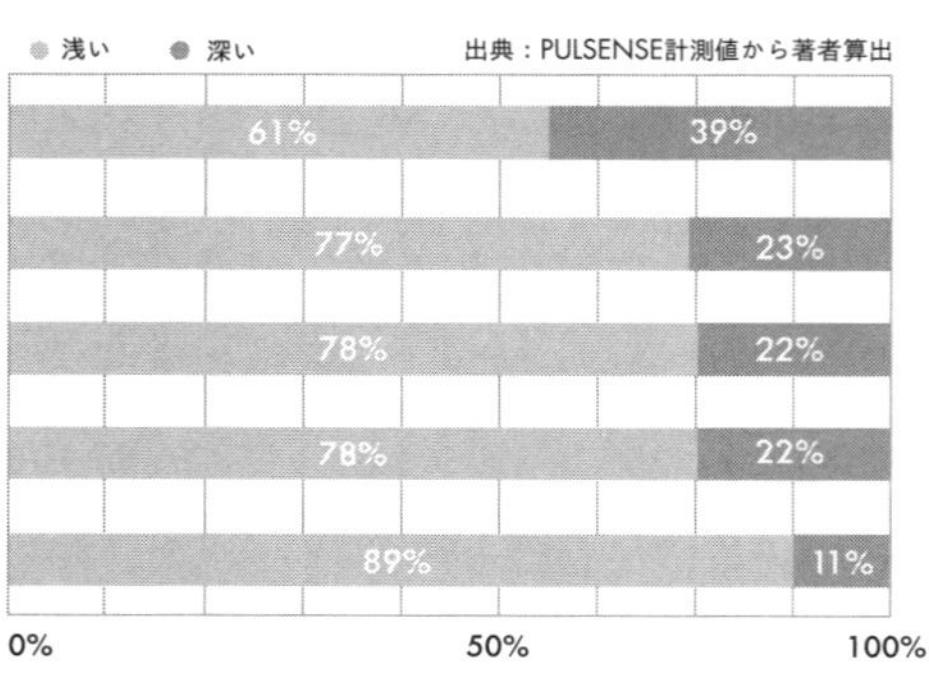

図3　著者の2015年1〜5月の睡眠の質

意味を持つのです。

テンションを脈拍数110まで上げる

脈拍センサーには、もう一つ面白い使い方を発見しました。私は研究員という立場上、様々な場所で講演をさせて頂く機会があるのですが、ちょうどウェアラブル端末で脈拍を測りだしてしばらくした頃に、一年の中でも講演が特に集中している時期がやってきました。当然、講演中も脈拍をずっと測りっぱなしなのですが、後で脈拍の動きを見返してみていくつかのことに気がつきました。まず、リハーサルの時にある程度、脈拍が上がって緊張状態だった時のほうが、本番の脈拍は過度に上がらずに安定しており、講演自体もうまくいくようなのです。また、何回もデータを取っていると、「だいたい講演で喋っている時はいつもこのくらいの脈拍になるな」という基準も分かってきます。私の場合、講演時の脈拍数（1分間の脈拍の数）はだいたい100くらいで安定しているのですが、本番前にちょっと緊張しそうな時はウェアラブルに表示されている脈拍数を眺めながら、「100近くまで落ち着こう」と思い、心を静めていきます。そうすると、不思議と100前後で脈拍数が安定するのです。最近は、講演中も演台に置いたスマートフォンにリアルタイムで脈拍数を表示して、要所要所で確認するようにしています。そうすると、「いつも通り100前後で安定してるけど、ここから最後の締めに向かうところなので、脈拍数も110くらいまで上げていこう」というようなテンションのコントロールをするようになってきました。意識的に身振り手振りを大きくしたり、声のボリュームを少し上げるだけで、脈拍数は10くらいならごく簡単に変動します。つまり、ウェアラブル端末が計測する脈拍などのデータは、「記録して後から振り返る」だけではなく、「リアルタイムに確認し、行動に活かす」という使い方もできるということなのです。このような使い方はマラソン選手がランニング中の脈拍を計測する、というような場合だけのものではなく、きちんと基準値が分かってくれれば仕事や日常の生活にも役立たせることができそうです。

ライブの盛り上がりも数字になる

さらに、脈拍データを自分だけでなく他の人と共有することで生まれる新しいコミュニケーションも現れてきています。スウェーデンのゲーム周辺機器メーカーのMionixは脈拍と発汗量が計測できるマウスを開発しています。まだ試験の段階ですが、オンラインゲーム上でチームを組んでいるプレーヤー同士がお互いにバイタルデータをこのマウスを使って共有し、敵からの襲撃に焦って脈拍が急に上昇しているメンバーを他が援護する、というような使い方を目指しているそうです。現実の軍隊でも、隊員の脈拍などをリアルタイムで共有、把握し、焦っている隊員には、他の隊員より単純な指示を与える、といった研究が進んでいます。スポーツの領域でも、バイタルデータを選手管理に活かす取り組みは進んでいますが、日常の生活の中でも、バイタルデータの計測を基にした「ドキドキしている」「テンパっている」「盛り上がっている」といったテンションの共有は新しいコミュニケーションを生む可能性が大いにあります。例えば、2014年に行われたアイドルグループ嵐のコンサートでは、メンバーそれぞれの脈拍数を開演前からステージモニターに表示し続ける、という演出が行われたそうです。これによって、各メンバーのテンションを客席のファンの子たちが「この曲は松潤《まつじゅん》がすごい盛り上がってる！」というように共有できることになります。ウェアラブル端末が普及することで、それと同じようなテンションの共有が、普段友達とカラオケに行ったり、ゲームをしていたりする時に、ごく当たり前にできるようになってくるでしょう。

自分の遺伝子を調べてみた

さて、次は遺伝子検査を受けて私の遺伝情報を可視化してみましょう。遺伝子検査も、最近は数万円以内で受けられる様々なサービスが登場しており、調べられる内容もサービスによって多種多様です。遺伝子検査が一躍注目を集めるきっかけとなったのは、2013年にアメリカ人女優のアンジェリーナ・ジョリーさんが、乳がんになる危険が非常に高いという遺伝子検査の結果を受けて、乳房切除手術に踏み切った、というニュースでした。このことから、「遺伝子検査＝将来的な病気のリスクを調べる検査」と考えている人も多いかと思いますが、調べられるのはそれだけではありません。髪質や瞳の色など身体的な特徴や、太りやすさなどの体質、人種や先祖の情報、さらに身体・知能の潜在能力や性格の傾向まで、少なくとも「遺伝がわずかでも影響しており、さらに遺伝子のどの部分が要因となっているかハッキリしていること」については診断できます。

Elevated Risk

NAME	CONFIDENCE	YOUR RISK	AVG. RISK	COMPARED TO AVERAGE
Atrial Fibrillation	★★★★	33.9%	27.2%	1.25x
Restless Legs Syndrome	★★★★	2.5%	2.0%	1.25x
Primary Biliary Cirrhosis	★★★★	0.14%	0.08%	1.72x
Alopecia Areata	★★★			
Ankylosing Spondylitis	★★★			
Asthma	★★★			
Dupuytren's Disease	★★★			
Glaucoma: Preliminary Research	★★★			
Hay Fever (Allergic Rhinitis)	★★★			
Keloid	★★★			
Kidney Cancer	★★★			
Kidney Disease	★★★			
Kidney Stones	★★★			

図4　実際の検査結果画面

私が利用したのはアメリカの23andMeという遺伝子検査サービスです。郵送されてくるキットを使って唾液《だえき》のサンプルを取り、返送します。すると後日、その中に含まれる染色体から遺伝的な情報の分析結果をWebで見ることができるようになります。結果が届いたので、ドキドキしながらまずは病気リスクを調べてみます。

図4のようにリスクの高い病気が列記されて出てきました。病気によっては平均的なリスクとの差まで表示してくれているのですが、「むずむず脚症候群（Restless Legs Syndrome）になるリスクは、普通2・0％だけれど、あなたは2・5％だ。普通より1・25倍リスクが高い」と言われても、なんだ0・5％上がるだけじゃないかと、ちょっと拍子抜けしてしまいますよね。でも、ほとんどの検査項目は（少なくとも、私の場合は）その程度のものだったんです。

円形脱毛症とストレス耐性

同様に、自分の潜在能力についても調べてみました。私は遺伝的にはストレス耐性が強く、嫌なことがあっても割とすぐ忘れられる、という傾向が出てきました（痛い目をみてもあまり反省しない、という見方もできますが）。

実は先ほどの病気リスクの項目で、円形脱毛症（Alopecia Areata）のリスクが高いと診断されていました。命には関わらないにしても、これはかなり気になるリスクです。そういう身としては、ストレスは一番の天敵なので、ストレス耐性が強いというのは嬉しい結果です。

また、理解力や分析力は優れているが、空間認知能力はイマイチ、という結果も出てきました。そういえば、どのくらい関係があるかは分かりませんが、私は建物の構造を把握したり、地図を読んだりするのが苦手です。地図の中のどこに自分がいるのかなかなか把握できませんし、何度か通らないと道を覚えることもできません。

ただ、この潜在能力チェックの結果を過信したり、それによって自分の能力を諦《あきら》めたりするのは禁物です。そもそも、私は他の人にとってはどうでもいいことをとても気にしてしまうところがあるので、自分のストレス耐性が強いとは決して思いません。それに、私が地図を読めないのは単純に地図を読む機会が少ないから、という面も大きいでしょう。

同じように、身体能力は遺伝子的には短距離走型らしいのですが、どちらかといえば長距離走のほうが学生時代の成績は良かったのです。

遺伝子検査は、科学的な〝占い〟

遺伝子検査を受けたいかどうかを他の人に聞くと、「遺伝子って絶対に変えることができないし、余計な心配をしたくないから受けたくない」という意見をよく耳にします。確かに遺伝子は変えることができないのですが、誤解しないように気をつけたいのは、遺伝子検査の結果が「絶対に起こるわけではない」ということです。前述の通り、「遺伝がわずかでも影響して」いれば、それは遺伝子検査の検査項目となりえます。例えば、遺伝子の中のある部分にAとBという二つのタイプがあって、Aタイプの人はBタイプの人に比べて〇〇という病気になる可能性が統計的に5%高かった、という研究結果があれば、それは「遺伝子が影響している」ことになります。

そのため、遺伝子検査で示される結果はあくまでも「統計的な確率がわずかでも高いか低いか」という傾向を教えてくれるだけなのです。もしかしたら病気になる確率が1%から2%に上がるだけかもしれませんし、50%まで増加してしまうのかもしれません。本当はその確率を項目毎《ごと》にきちんと確認することが大切なのですが、そもそも、現在、手ごろな価格で申し込める主な遺伝子検査は、家族性乳がんなどの遺伝的要因が特に強い病気については検査をしていません。過度に心配しなくてはいけないような結果は最初から出てこないのです（また、サービスによって調べる遺伝子の数や種類、診断の根拠となる統計データが異なる場合も多くあります）。

反対に、遺伝子検査で病気リスクが少なかったからといって安心できるわけでもありません。例えば、遺伝子検査では様々な種類のがんのリスク診断ができますが、そもそも厚生労働省の人口動態統計によると、日本人男性死亡者の約3人に1人はがんで亡くなっています。その中には当然、遺伝子的にはリスクが低かった人も含まれるわけで、決して不摂生でいていいわけでもないのです。これは病気だけでなく、身体的な特徴や体質、潜在能力などにもまったく同じことがいえます。体質や能力は育つ環境によっても変わってきます。遺伝子検査の結果だけを過信したり、それによって努力を諦めたりするのはナンセンスな話なのです。

そういう意味では、遺伝子検査で分かる病気リスクや潜在能力は「占い」にとてもよく似ています。当たるも八卦《はっけ》、当たらぬも八卦ではありますが、ちょっと気に留めておきたいことが分かる。少なくとも、現状の遺伝子検査の結果はその程度のものなんだと、冷静に受け止めたほうが良さそうです。

ネアンデルタール人含有量3・3%

私が遺伝子検査で最も衝撃を受けたのは、この本の冒頭で触れた自分のルーツに関する情報です。遺伝子検査では病気リスクや身体的特徴だけでなく、自分のルーツを知ることもできます。例えば、現代人はネアンデルタール人由来の遺伝子をほんの少しだけ受け継いでいるらしいのですが、図5が示しているように、私はその比率が東アジアの平均値よりも高いようです。

また、人類はＤＮＡ配列の特徴によって幾つかのグループに分けることができ、遺伝子検査では自分がどのグループに属しているのかも確かめることができます。私は、父方から縄文系グループの遺伝子を、母方からは弥生《やよい》系グループの遺伝子を受け継いでいる、という結果が出てきました。遠い昔のご先祖様の話ではあるものの、リスクの高低にかかわらず気をつけなくてはいけない将来の病気のことより、自分のルーツの一端が垣間見れたことのほうが、私にとってはとても面白い発見でした。

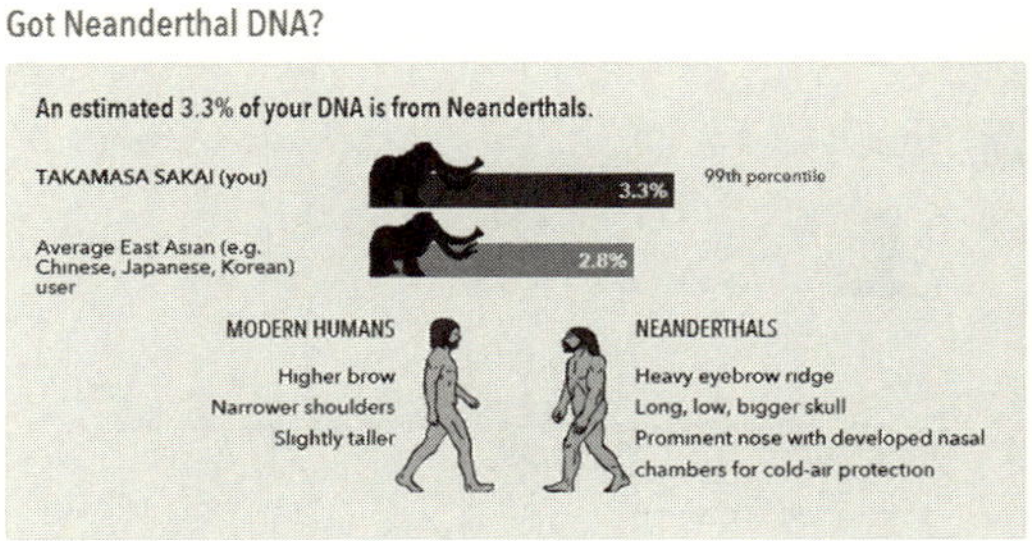

図5　私の30分の1はネアンデルタール人でできている、らしい

謎のアメリカ人から〝親戚申請〟メッセージが届く

そして何より驚いたのは、23andMeには遺伝情報の開示を許諾すると、なんと利用者内で血縁関係が近い人を教えてくれる仕組みがあるんです。「はじめに」で触れたように、試しに許諾してみたら、なぜか見知らぬ謎のアメリカ人から「よっ、兄弟！」という感じでメッセージが届きました。友達申請ならぬ、親戚申請です。どういうことか聞いてみると、どうも彼のお祖母さんが日本の方で、彼は私とは共通の高祖父母（ひいひいお祖父ちゃん、お祖母ちゃんのこと）を持つ親戚関係に当たるようです。

衝撃を受けた私は、彼の他にもリストに挙がってきた「親戚」の皆さんに、片っ端からアプローチしてみようと考えました。自分とその人たちが、どんなルートでつながっているのか、できる限り調べてみようと思ったのです。

私がメッセージを送った皆さんは、日本人っぽい名前の方もいれば、日系アメリカ人と思《おぼ》しき方もおり、出身地も日本やアメリカ、中国、台湾、東欧まで、

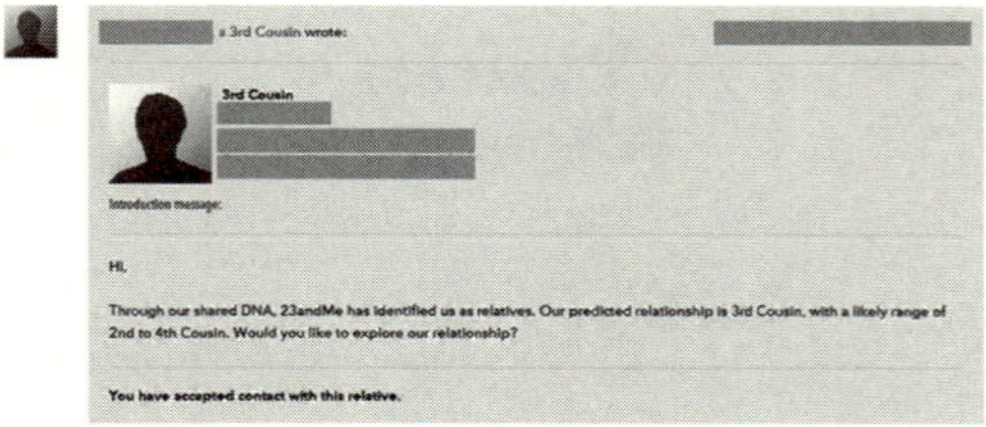

図6　このような形で見知らぬ親戚からメッセージが届きます

本当に様々です。彼らに、自分が知っている限りの家系上の名字と、一族の出身地を教えてくれるように、23andMe内部のメッセージサービスを使って依頼してみました。

幸い、何人かの方がメッセージを送り返してくれました。送ってもらった名字を照合した結果、半数の方の家系上に、私の名字である酒井とは別の「S」という名字が存在しました。私はまだその名字を自分の家系上に見つけられていないのですが、少なくともその方々とはS家系で共通した先祖がいる可能性が高いのではと考えています。

同じ検査サービスを受けた中で近い血縁とはいえ、最初にメッセージをくれた一番近縁の〝謎のアメリカ人〟君でも共通しているのは4代前です。それ以外の方とつながっているのは5代以上前。仮に世代ごとの間隔を25年と考えると、5代前は今から100年前、1915年（大正4年）です。明治維新以降、日本の人口は爆発的に増加しており、兄弟姉妹の数も多かったでしょうから、娘の嫁ぎ先も含めると血縁者は様々な家に分散しているはずで、共通のご先祖様を突き止めるのは容易なことではありません。

しかし、〝謎のアメリカ人〟君とは、実は現在はFacebookでもつながって、メッセージのやり取りをしています。日本人だった彼のお祖母ちゃんも興味を持ってくれたようで、ご出身地も含めて様々な情報を教えてもらいました。彼のお祖母ちゃんのためにも、できる限り自分の家系を遡《さかのぼ》ってみようと思っています。

私にメッセージを送り返してくれた方々の情報からは、もうひとつ面白いことが分かりました。半数の方が、山梨県に何らかの縁があったのです。私の両親は東京と千葉の出身なので、これは奇妙です。両親に尋ねてみると、私は今まで教えてもらったこともなかったのですが、実は母方の一族はおおもとをたどると山梨県出身だったということが分かりました。父親の家系はもとをたどると現在の静岡県に由来しています。富士山を挟んで山梨と静岡に暮らしていた一族の末裔《まつえい》が、東京の中野《なかの》サンプラザで出会って結ばれ、私が生まれた（実話です）と考えると、これはちょっと歴史的なロマンを感じてしまいます。

ここまで来ると、なんだか探偵にでもなって、自分のファミリー・ルーツを捜索しているような気分になってきます。これは考えてみると凄《すご》い仕組みで、人によっては自分が今まで知らなかった兄弟がいきなり見つかったりすることも起こりうるわけです。反対に、兄弟そろって遺伝子検査を受けてみたら、実は血縁関係がないことが発覚してしまうかもしれません。家系を調べると自分のルーツが見えてくる一方、個々人にとっての〝不都合な真実〟が明らかにされるリスクもはらんでいる、と肌で感じました。

血縁のイノベーションが起こる

ＳＮＳの普及で、氏名や年齢、出身校や居住地などの個人情報を、生活者が自分自身でマネジメントしなくてはいけない環境が生まれました。遺伝子検査が普及すると、遺伝情報もその一つになっていくのでしょう。

ＳＮＳでは、氏名や出身校を公開することで、幼馴染《おさななじ》みや昔の同級生と再会できる可能性が拡がります。それと同様に、遺伝情報も公開することで、思いもよらない遠い血縁者と巡り合うことができるようになります。もしも世の中のほとんどの人が遺伝情報を登録したら、今まで見たこともないような壮大な家系図ができあがるはずです。今まで基本的に家族・親族から教えてもらうしか知る術《すべ》のなかった血縁関係を、自ら主体的に調べることができるのです。これは、もはや〝血縁のイノベーション〟と言っていい変化です。

これまで、血縁は自ら動かしがたい関係性でした。しかし、血縁を手軽に調べることができ、数代前に遡って拡張することもできる世の中では、それは決して不可侵なものではなくなります。家族の捉《とら》え方や価値観も変容していくことになるでしょう。もし血縁関係が広く公開されるとしたら、人種や国籍の壁を超えて自分の一族が世界中に拡がっていっていることが分かります。人種や国籍に由来する差別や偏見の無意味さが一目で理解できるようになるでしょう。

逆に、あまり考えたくはないですが、病気リスクや遺伝的な潜在能力によって、遺伝子検査技術は新たな差別を生んでしまう可能性もはらんでいます。個人が簡単に自分の遺伝情報を取得できる時代の到来は、単に将来の病気リスクが分かるようになった、というだけでは決してなく、個人のアイデンティティや家族観の根底が揺さぶられる時代の到来を意味している。そう強く感じました。

ライフログアプリは日記を超えられるか?

さて次は、自分の日常的な行動の履歴、ライフログについても可視化してみましょう。ライフログとは、日常生活が記録されたデジタルデータのことです。日常生活の記録、ということで言えばブログもライフログの一種ではあるのですが、ここではGPS機能による位置情報など、自動的に蓄積された行動履歴データのことと考えてください。脈拍や遺伝子と違い、ライフログは普段持ち歩いているスマートフォン(私の場合はiPhoneです)さえあれば、アプリで簡単に記録することができます。私が使用しているのは、SilentLogとMovesというライフログアプリです。SilentLogは日本のレイ・フロンティア、

Movesはフィンランドの ProtoGeo というベンチャー企業が運営しています。これらのアプリに共通しているのは、GPSと加速度センサーを利用することで、自動的に毎日24時間の〝滞在と移動〟を記録してくれることです。例えば、午前0時から朝8時半までは三《さん》軒茶屋《げんぢゃや》の自宅に滞在、8時半から9時半の間に赤坂《あかさか》のオフィスに移動。9時半から12時までオフィスに滞在した後、13時まで近くのレストランで昼食を取り、その後、横浜《よこはま》のクライアントのところへ……、といった具合にです。

私たちはいちいち何をしていたのか入力する必要はありません。全てアプリが自動的に記録していってくれます。もちろん、アプリは滞在した場所で私たちが何をしていたのか、までは記録してくれませんが、場所さえ分かれば後で見返した時にだいたいの推測はつきます。また、移動については、歩いていたのか、電車やクルマなどの乗り物に乗っていたのか、自転車に乗っていたのかなどを、GPSと加速度センサーから予測して表示してくれるようになっています。SilentLog の場合、スマホで撮った写真についても時系列で表示してくれるので、後で振り返った

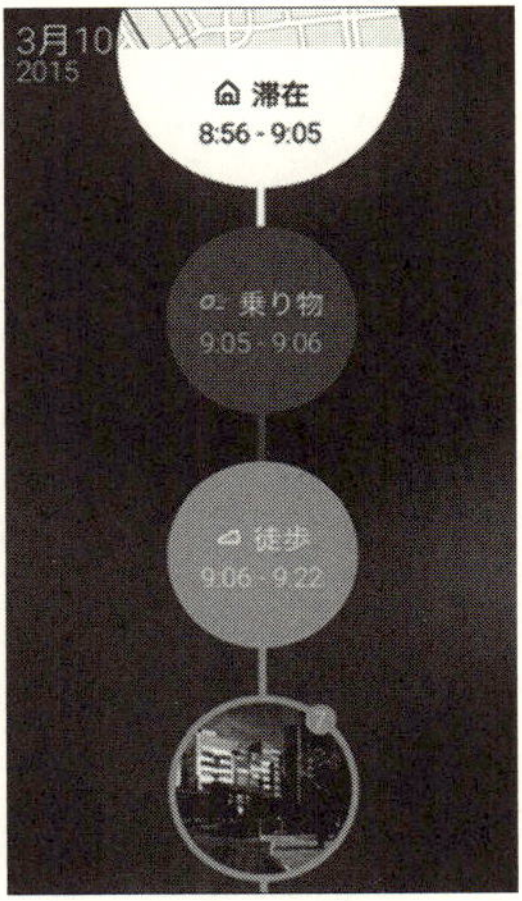

図7　SilentLog が蓄積するライフログデータ

時に何をしていたのか思い出す助けになっており、一日の歩数や移動距離も計測してくれます。

これはある意味、アプリが自動的に私の日記をつけてくれているようなものです。ずぼらで日記などつけたためしのない私にとっては願ってもないアプリ！　そう思って早速、使用してみたのですが、日記とはだいぶ意味合いが異なるということがすぐに分かってきました。日記をつけたことがある方ならお分かり頂けると思うのですが、普通、日記にはその日どこに行ったか、ということ以外に、そこでどのような出来事があって、自分がどう思ったのか、ということを書きこみますよね。むしろ日記の場合、〝滞在や移動〟自体よりも、そのような〝思考や感情〟の記録に重きが置かれているのではないでしょうか。

試しに10年以上日記をつけ続けている20代女子にこのアプリを使ってみてもらったのですが、利用を始めてすぐに、「やっぱり日記とは全然違う」と感想を寄せてくれました。日記に日々の思ったことや感じたことを綴《つづ》っている彼女にとって、〝滞在や移動〟の記録はそれだけではあまり意味を見出せるものではなかったのでしょう。私自身はそもそも日記をつけていないこともあり、自分の実際の行動を後で確認できると毎月の業務報告などの際にとてもありがたいのでアプリを使い続けました。それでも、必要な時以外はアプリを開くことはありません。そのため、1ヶ月、2ヶ月と、アプリはスマートフォンの中で静かに私の行動を記録し続けることになります。そうすると、脈拍を記録し続けることで毎月、毎週の忙しさや睡眠の質を比較できるようになったのと同様、別の使い方が見つかってくるのです。

テリトリーは西高東低

例えばMovesにはMove-O-Scope というWebサイトにデータを送信する機能があります。このサイトも海外のサービスなので英語版のみなのですが、このサイトでMovesアプリにたまったデータを送ると、その期間中に自分がどの場所に多く滞在していたのか、マップ上に示し

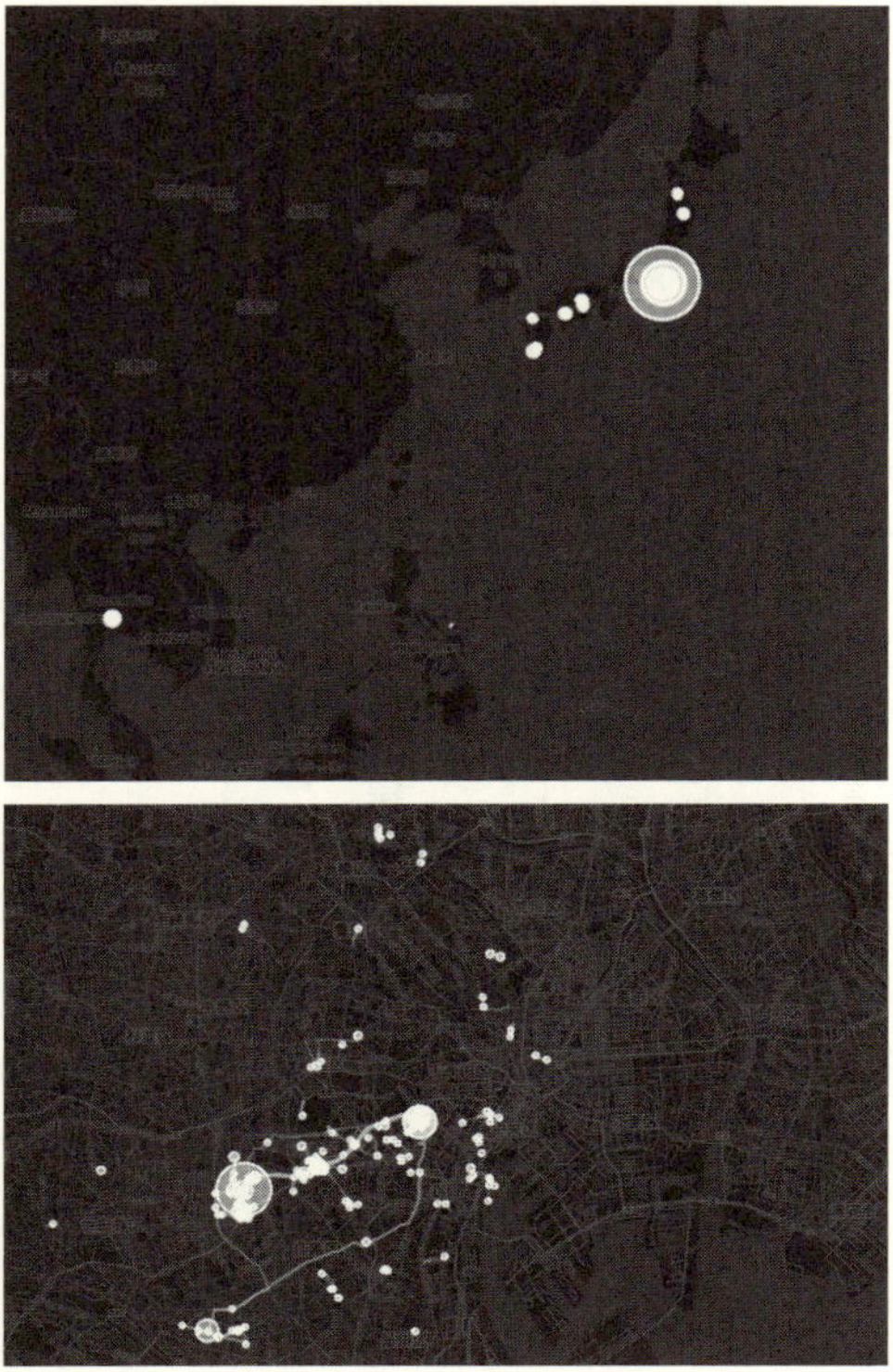

図8　Move-O-Scopeで可視化される著者のテリトリー

てくれます。

図8が私の数ヶ月間の行動マップです。円の出ているところがここ数ヶ月で私が滞在した場所。滞在している時間が長い場所ほど、表示される円が大きくなります。基本的に東京にいるのですが、講演や出張などで東北や四国や九州、それにバンコクにも移動していることが分かります。さらに東京都内で見てみると、自宅のある三軒茶屋、引っ越す前の自宅だった自由が丘《じゆうおか》、オフィスのある赤坂の他に、渋谷《しぶや》にもよく滞在していることが分かります。もう少し新宿《しんじゅく》などにも行っている感覚があったのに、思った以上に渋谷近辺に偏っていました。また、東京の北部には比較的足を運んでいるものの、東部はまったく履歴がありません。以前住んでいた地域にも関わらず、最近は東部から足が遠ざかってしまっているようです。

野生動物の生態調査では、動物に発信機をつけてテリトリーの広さやその中での行動経路を調査する手法がよく行われていますが、これはまさに私のテリトリー・マップです。東京都内でいえば、最近の私のテリトリーは完全に西高東低。仕事が忙しかったせいもあり、普段の行動範囲が思った以上に狭いエリアになっていたので、様々な場所に足を運ぶべき研究員としてはちょっと反省です。マップをさらに拡大していくと、自分の住んでいるエリアの中でも、通ったことのある道、ない道が一目で分かります。

SilentLogを開発したレイ・フロンティアの田村建士《たむらけんし》氏は、「これからは検索する対象が自分になる」と語っています。「自分が欲しいものは自分が一番よく知っています。自分はメモ魔なので、Evernoteに大量のメモや感じたことを書き残していて、必要な際にキーワードで検索して引き出しています。ただ、意識して情報を継続的にストックできる人は限られます。自動化できれば過去の行動や思考が全て検索できるようになる。私たちの会社が開発しているライフログアプリのSilentLogはその第一歩なのです」

また、田村さんはレイ・フロンティアのビジョンについてこうも語っています。「自分たちは要するにドラえもんが作りたいんです。ドラえもんはのび太が泣いていると、一発で彼が必要としている道具を出してくれます。これができるのは、ドラえもんがのび太と24時間生活を共にして、彼のおかれた状況を全て把握しているからです。最終的に作りたいのは、ライフログを基に、必要なときに必要な情報を言われていないのに提示してくれる、ドラえもんみたいなＡＩなんです」

田村さんと同様の発想を検索の王者、Googleも推し進めています。Google Nowは、ＧＰＳやスケジュールからユーザーの次の行動を予測して、こちらが検索してもいないのに、次の移動先までの交通経路と所要時間を提示する、というような機能を既に実装していま す。また、Apple も Proactive Assistant という同様の機能を発表しました。

このような、コンピューターがユーザーの次の行動や欲しがるものを予測するという新しいテクノロジーについて、アメリカのテクノロジー・ジャーナリスト、ロバート・スコーブル氏とシェル・イスラエル氏は共著書『コンテキストの時代』の中で、「コンテキスト・コンピューティング」と定義しています。

ライフログの解析を通じて、コンテキスト、つまりユーザーが現在抱えている事情や背景を把握し、優秀なアシスタントのように必要な情報やサービスを先読みして提示する。まさにドラえもんのような存在に、コンピューターは進化しようとしているのです。

気持ちは指に聞け

ライフログアプリによって、自分の〝滞在と移動〟のデータは蓄積することができるようになってきました。では、自分の心理状態については可視化できるのでしょうか。実は、この分野についても研究と開発が進んでおり、既にアプリもリリースされています。

COCOLOLO というアプリは、指先をスマホカメラに当てることで、血液の輝度変化から

「脈拍のゆらぎ」を検出します。実は、脈拍数（1分間の脈拍の数）をスマホカメラで計測するアプリは既に数多くあるのですが、このアプリが特徴的なのは1拍毎の脈拍の間隔を計測することで、自律神経の活動状況を解析していることです。COCOLOLOではその解析結果から、計測時の感情を「理想」「ストレス」「ぐったり」「のんびり」の四つのパターンで表示してくれます。

いちいちスマホカメラで脈拍を計測しないといけないのは多少面倒ではあるものの、このアプリが面白いのは気持ちが「理想」以外に分類された時は、その気分に合った音楽を紹介してくれることです。このアプリを開発したWINフロンティアの板生《いたお》研一《けんいち》氏によると、もともとこの技術はうつ病などの予防、改善のためのメンタルヘルスチェックを目的に開発されたものだそうです。そのような病気を予防するためには普段からきちんとメンタルデータが蓄積されることが望ましいため、心理状態を手軽にチェックできた

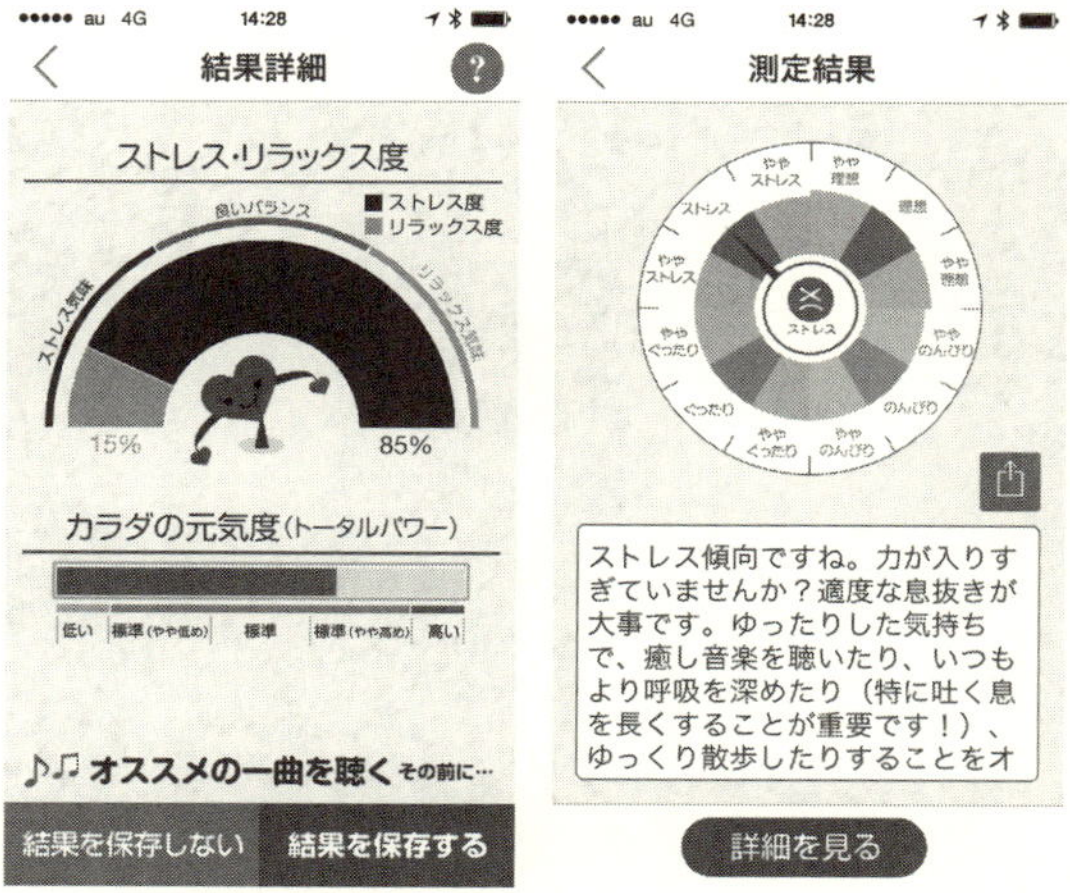

図9　COCOLOLOの診断結果画面

上で、気分に合わせてプレイリストから曲を紹介するこのアプリを開発されたそうです。

心理状態を可視化することで、それに合ったモノやサービス、コンテンツをセレクトする、という考え方は新しい消費の仕方としてとても拡がりがあります。心理状態を定期的に（あるいは常に）チェックしておけば、最近ストレスがたまっている、ということも分かるようになってきます。そろそろ旅行に行ったほうが良い、というようなタイミングも見えてくるのです。

それだけでなく、例えば洋服を選んでいるとき、二つの色でどちらにしようか迷ったときに、「青よりもピンクのほうを試着したときに心がリラックスしているようだから、ピンクにしよう」というような決め方ができるようになってきます。既に、この企業の技術で試着時の心理状態を解析することで、プロスキーヤーやプロゴルファーがウェアやゴルフクラブの色を選ぶ、ということも行われているそうです。

頭で考えて選択を迷っていたときに、「あなたのココロはこう言っていますよ」と選択を促してくれるようなサービスがこれから出てくることが十分考えられるのです。

先輩のいびきと自分の寝言

今まで知らなかった自分を明らかにする、という意味でもう一つ別のアプリをご紹介しましょう。Sleep Meister という睡眠状態の解析アプリです。寝る前に、このアプリを起動したスマートフォンをベッドサイドに置くと、寝返りなどのカラダの動きから睡眠の深さを分析してくれます。起きる時間を設定しておけば、その時間までの間で、眠りが浅くなり、目覚めやすくなったタイミングでアラームを鳴らしてくれます。

目覚めやすい時にアラームを鳴らしてくれる、という意味ではとてもありがたいアプリなのですが、私がとても面白いと感じたのは、睡眠時の「寝言」を録音してくれる、という機能です。この本を読んでいる方の中には、友達と旅行に行って同じ部屋に泊まった時に、「いびきがうるさい」と指摘されてビックリしたという経験がある人もいるかと思います。睡眠中の姿というのは、これまで、自分で知ることが困難な自分でした。ですが、このアプリを使えば、自分が睡眠中にどんな状態で、いびきをかいているかいないか、寝言を言っているかいないかを確認することができるのです。

以前、会社の先輩たちと出張に行った際に何人かで同室に泊まったのですが、先輩のひとりがものすごいいびきをかいていたことがあります。それだけではなく、どうもたまに呼吸が止まっているようなのです。これは睡眠時無呼吸症候群だと確信しました。放っておけば、重大な健康被害が起きかねない……。そう思いつめた私は翌朝、失礼を承知で「先輩、あなた、睡眠時無呼吸ですよ」と意を決して指摘しました。それなのにその先輩は、「そんなことあるはずないだろ!」とまったく信じてくれません。ですが、これは大切な先輩の、命に関わる問題です。その程度で私も諦めるわけにはいきません。私は奥の手を用意していました。こんなこともあろうかと、先輩のいびきと呼吸が止まった瞬間をわざわざスマホに録音しておいたのです。録音を聞いた先輩は、ようやく信じてくれたようでした。その先輩は当時、だいぶ太っていたのですが、その後は運動と食事制限で見違えるほどスリムに。おそらく、無呼吸症候群の症状も改善されているはずです。このようなことも、このアプリがあれば自分で調べることができるのです(ただし、いびきを伴わない睡眠時無呼吸症候群もあるのでその点は注意してください)。

もちろん私自身もこのアプリを使っています。日によっては、私もちょっといびきをかいていることがありますが、一番恥ずかしいのはよく分からない寝言が録音されている時です(先輩にいびきの録音を突きつけておいてなんですが、自分の寝言を聞くのはかなり恥ずかしい体験です)。朝、起きた時にアプリに寝言が何個かたまっているのを発見すると、果たしてどんなことをつぶやいているのか、録音を開くのにちょっと勇気が要ります。知らない自分の姿をまざまざと見せられているような感覚に陥るのですが、こういう感覚もマイビッグデータの時代ならではの感覚だと言うことができそうです。自分が知らない自分を、あなたはどの程度知りたいと思うでしょうか？

〝第二の鏡〟としての新テクノロジー

さて、ここまでは今現在、触れることができるマイビッグデータを幾つか紹介してきましたが、テクノロジーは日々進化を続けています。こうしている間にも、様々な計測機器や計測技術が開発されています。現在、研究や開発が進められているものも含めると、その種類はあまりにも膨大になってしまうため、ここまでに紹介したものも含めて、既に一般向けに商品・サービス化されている（もしくはその予定がある）ものを整理してみましょう。

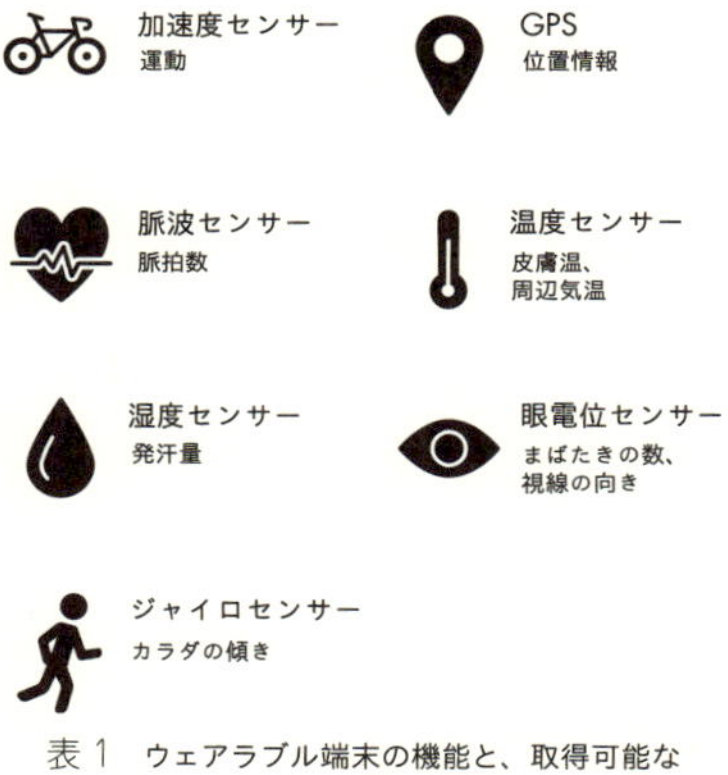

🚴	加速度センサー 運動	📍	GPS 位置情報
❤️	脈波センサー 脈拍数	🌡	温度センサー 皮膚温、周辺気温
💧	湿度センサー 発汗量	👁	眼電位センサー まばたきの数、視線の向き
🏃	ジャイロセンサー カラダの傾き		

表1　ウェアラブル端末の機能と、取得可能なバイタルデータ

①ウェアラブル端末

これまで触れてきたとおり、ウェアラブル端末は基本的に体のどこかに装着することで、私たちの体の動きや脈拍など生命活動の状態、いわゆるバイタルデータを計測します。

現在発売予定のウェアラブル端末が搭載しているセンサーで計測することができる主なバイタルデータは表1の通りです。

これまでに紹介したウェアラブル端末は腕時計型でしたが、それ以外にもメガネ型や服型など様々な形状が開発されています。メガネメーカーのJINSが開発している、JINS MEMEというメガネ型の端末は、眼電位センサーやジャイロセンサーをメガネに搭載しており、それによってまばたきの数や視線の向き、あるいは体の傾きなどを計測することができます。また、その他にも、交流電流センサーによって、体脂肪率や筋肉量まで推計するものも開発が進められています。

 活動面	運動量、運動タイプ（散歩、ランニング、水泳etc）、消費カロリー、使った乗り物、行動範囲など
 体調面	疲労度、睡眠時間、睡眠の質、姿勢の良さなど
 感情面	リラックス・ストレス度合い、緊張度、見たものの興味関心度、眠気など

表2　バイタルデータから推計できる人間の行動

バイタルデータを計測することのポイントの一つは、単純に一つ一つのデータを計測して記録するだけでなく、それらを複合的に組み合わせることで、様々な推計をすることができる、ということです。

例えば、先ほどの表1にあるようなデータからだけでも、推計できることは、活動や体調、感情といった、人間活動のすべての分野にわたります。主なものだけを表2にまとめてみました。

さらに、ウェアラブル端末を職場の全員が持つことで、オフィス空間の中で誰がいつ、どこで誰と会い、どのような行動をしていたのかを解析し、組織の活性化やパフォーマンス、従業員満足度の向上に役立てる、というサービスも既に始まっています。(活用のされ方次第ですが、ちょっと怖い気もしますね。)

一方で、ウェアラブル端末が、今後、何年にどの程度まで普及するのかはまだ未知数です。日本を含む32カ国での調査を基にしたGWIの2014年のレポートでは、ウェアラブル端末の保有率はスマートウォッチ型が9%、リストバンド型が7%と報告されています。ただ、ネット利用者のみの調査ということもあり、この数字もやや割り引いて考えた方が良いでしょう（ちなみに同調査ではスマートフォン保有率は80％となっています）。また、現状ではバイタルデータの計測から分かることも限られており、誰にとっても使い勝手がよいかという疑問です。

ただし、2015年はウェアラブル元年とも言われており、様々な端末が出てきていること、今後も機能進化とヘルスケア・メディカル領域での規制緩和が進めば、バイタルデータ計測からユーザーに提供できる情報も増えていくであろうことを考えると、スマートフォン同様に広く普及していくポテンシャルは十分高いでしょう。

②スマートフォン

計測機器としてのスマートフォンの圧倒的な強みはその普及率です。博報堂生活総研の調査（ネット非利用者も含まれる調査です）では、20～60代全体で2014年のスマホ普及率は6割近く、20～30代では8割を超えています。それに、現状ほとんどのウェアラブル端末はスマートフォンと連携してデータの蓄積や解析を行っているため、そもそもマイビッグデータ時代はスマートフォン抜きには語れないのです。

これまで見てきたように、スマートフォンにも加速度センサーやGPS、それにカメラが備わっているので、ウェアラブル端末ほどではないにしても、行動記録（滞在や移動）や、バイタルデータ（脈拍など）をある程度取ることが可能です。

バイタルデータの計測については、ウェアラブル端末と違って常に計測することはスマートフォンでは難しいところがあります。ただ、先ほど紹介したスマホカメラで心理状態を計測するCOCOLOLOを開発したWINフロンティアでは、より詳細に心理状態を計測するLifescoreというサービスも行っています。このサービスでは指先にクリップのような脈拍の計測センサーをつけるのですが、データの蓄積や解析はセンサーを接続したタブレット端末で行います。

WINフロンティアの板生氏によると、「心が外に向かう開放的な状態か、それとも内に向かう閉鎖的な状態か、というような詳細な心の状態を脈波から計測するには指先や耳たぶのような抹消《まっしょう》血管がある部分にセンサーをつける必要がある」とのことです。だとすると、例えばいつもスマホに接続されているイヤホンやヘッドホンにそのようなセンサーとしての役割をつければ、スマートフォンでも常にバイタルデータを把握することができるようになるでしょう。

③遺伝子検査

これまで見てきたように、遺伝子検査では病気リスク以外にも、能力や体質、家系など様々な情報を調べることができます。遺伝子についても研究は日進月歩で進んでいるため、今後、分析できる項目はどんどん増えていくはずです。ただ、繰り返しますが、「その遺伝子がどの程度、影響するのか」をきちんと理解していないと、実際にはわずかにしか遺伝子は影響せず、環境など他の要因が大きいことなのに検査結果を過大評価してしまうことになりかねません。遺伝子は一生、変わらない情報でもあるので、その点については十分注意が必要です。

このような遺伝子検査をマーケティングに活かす取り組みも出てきています。例えば、

DHCが行っている肥満関連遺伝子検査のサービスは、肥満に関係する遺伝子のみの検査ではあるものの、5000円と安価で受けられるのが特徴です。診断では遺伝子タイプに合わせた食事や運動のアドバイスを詳細に行ってくれるのに加えて、タイプに合ったDHCのサプリメントも紹介されています。

④ IoT

最後に、やや概念的ではあるものの、今後目覚ましく発展すると予測されているIoT(Internet of Things、モノのインターネット)についても少しだけ触れておきたいと思います。

IoTは、パソコンやスマホなどのIT機器だけでなく、家や家電、クルマ、インフラ、工場など、私たちを取り巻くあらゆるモノをインターネットに接続することで、暮らしや産業をより豊かに、効率的にしていこうとする技術です。一口に「モノのインターネット」と言っても、IoTがフォローする範囲は実はモノに留まりません。ペットや家畜、農作物などの動植物にセンサーをつけることで、その動きや状態を可視化しようとする取り組みも行われていますし、人間のバイタルデータを計測するウェアラブル端末がIoTのひとつとして語られることも多いのです。究極的には人間やそれを取り巻く動植物の活動全てをデータ化していくという意味では、ＩｏＴは、ＩｏＬ（Internet of Lives）でもあると言っていいくらい拡がりをもった技術です。

いずれにせよ、私たちが生活の中で使用する様々なモノ、例えばドアとライト、冷蔵庫がネットに接続され、データを計測するだけでも、自分がいつ家に帰宅して電気をつけたか、何時に電気を消して眠りについたか、夜中の何時に起きて冷蔵庫の中のミネラルウォーターを飲んだか、といったことが明らかになります。様々な分野でのＩｏＴの発展によって、私たちの行動はより詳細に、多面的にデータ化されていくでしょう。

このように見ていくと、これらのマイビッグデータを計測し、可視化してくれるテクノロジーは、私たちにとっての〝第二の鏡〟とでも言うべき存在であることが分かります。私もウェアラブル端末や遺伝子検査、スマホのアプリなど、マイビッグデータを可視化する様々なツールを日常的に使う生活を送っていると、鏡を見るように自分の睡眠の質や脈拍などをチェックするようになりました。鏡は自分の外見を確認し、身だしなみを整えるためのものですが、このような新しいテクノロジーは、さしずめ自分の内面を見つめるための鏡と言うことができるでしょう。しかもその鏡は、〝今〟の姿を映し出すだけでなく、使われていない時でも私たちの姿をずっと記録し続け、その変化を教えてくれる、魔法の鏡でもあるわけです。

第2章

〝つながり〟から離脱する若者たち

第1章では、ウェアラブル端末や遺伝子検査などで計測・分析されるマイビッグデータとは一体どのようなものなのか、私自身の体験を中心にご紹介しました。マイビッグデータは、これまで知ることができなかった自分の内側を映し出す、第二の鏡だということもお伝えしました。私はその鏡に、良い面も悪い面も浮き彫りにされた、自分自身の姿を見ることになりました。

ところで、私は博報堂生活総合研究所の研究員として、特に若い世代の情報環境の変化について頻繁に調査活動を行っています。現在、若者の情報環境に最も大きな影響を及ぼしているのは、もちろんSNSですが、この章では調査活動から見えてきた若者たちのある変化についてご紹介します。もはや若者の生活に完全に定着した感のあるSNSの〝つながり〟から、最近、多くの若者が離脱し始めているのです。

僕たちは本当につながりたかったのか？

私が初めてSNSというものに触れたのは2004年2月。日本初のSNS、GREEがサービスをローンチした月です。当時私は大学3年生で、@cosmeという化粧品クチコミサイトを運営する企業でインターンをしていました。GREEはネット業界の中でも大きな話題になっていたので、私もGREEβ版がサービスローンチしたほぼ当日にユーザー登録を済ませました。自分のネットワークが可視化され、相互に情報の共有が可能なこの新しいサービスに大きな可能性を感じたことを鮮明に覚えています。

あれから既に10年以上。その間、様々なサービスの栄枯盛衰の物語が繰り広げられましたが、SNS全体でみるとその発展は世界的に続いています。世界最大のSNS、Facebookは2015年3月時点で月間アクティブユーザー数が14・4億人を超えています。Google+、Twitter、Instagramなどもユーザー数の拡大が続き、かつ、PinterestやVineなど、新手のSNSも多数出現しています。

SNSが登場した頃、その存在はまさに、ソーシャル・ネットワーキング・サービスでした。世界中の誰とでもつながれる、ネットワークをどこまでも拡げていけることが大きな価値でした。Facebookでつながっている〝友達〟の数、Twitterのフォロワーの数が多ければ多いほど良いとされており、タイムラインには多くの投稿が溢《あふ》れるようになりました。盛んに「いいね！」が飛び交い、私たちはSNSによって爆発的に拡がった（ように見えた）自分のネットワークと、タイムラインに絶え間なく投稿される様々な人の日常をチェックし、自分も盛んに投稿を重ねることを楽しんでいました。

ですが、人々はそのように無尽蔵に「つながなり」を拡大することに対して、どこまで情熱を抱いていたのでしょうか？　私が所属している博報堂生活総合研究所では、「生活定点」調査という大規模サンプルの定量調査を20年以上の期間実施しています。幸福度や価値観などはもちろん、好きな食べ物や占いを信じるかどうかといった項目まで、1500項目にもわたる様々な分野で調査を行っています。（ちなみに、調査データは博報堂生活総合研究所のWebサイトで無料公開していますので、ご興味のある方はぜひご覧ください）。

この調査の中で聞いている「友人の人数」は、みなさんがご想像される通り、増え続けています。特に「メールやSNSだけのやりとりで会ったことのない友人の数」は2002年の6・2人から、2014年には20・9人に激増しています。ただしその裏側で、「友人は多ければ多いほどよいと思う」という意識が、一貫して減り続けているのです。1998年には57・2％だったその値は、2014年には28・4％とほぼ半減しています。これは若い世代、20代だとさらに顕著で、1992年の61・7％から、2014

「生活定点」調査について	
調査地域	首都40km圏、阪神30km圏
調査方法	訪問留置方
調査時期	1992年から偶数年5月に実施
調査対象者	20歳～69歳男女
サンプル数	3,201人（2014年・有効回収数） *国勢調査に基づく人口構成比（性年代）で割付
公開データ	http://seikatsusoken.jp/teiten2014/

年には26・8%まで落ち込んでいます。20代のグラフの推移を見てみると、SNSが登場した2004年から2008年くらいまでは下げ止まっており、2006年にはむしろ微増しているのが分かります。SNSによって、この年代で友達ネットワークの拡大に注目が集まった影響でしょう。しかし、その後やはり減少に転じ、近年は落ち込みがさらに激しくなっています。

SNSによってつながりを作ることが容易になっている一方で、(いや、それだからこそ)友達の多さを必ずしも良いこととは考えない意識が、生活者の間で顕著になりつつあるのです。SNSがもたらした、〝つながる〟ことへの熱狂は、新しいツールへの熱に浮かされていただけで、実は人々が心から望んでいたことではなかったのかもしれません。

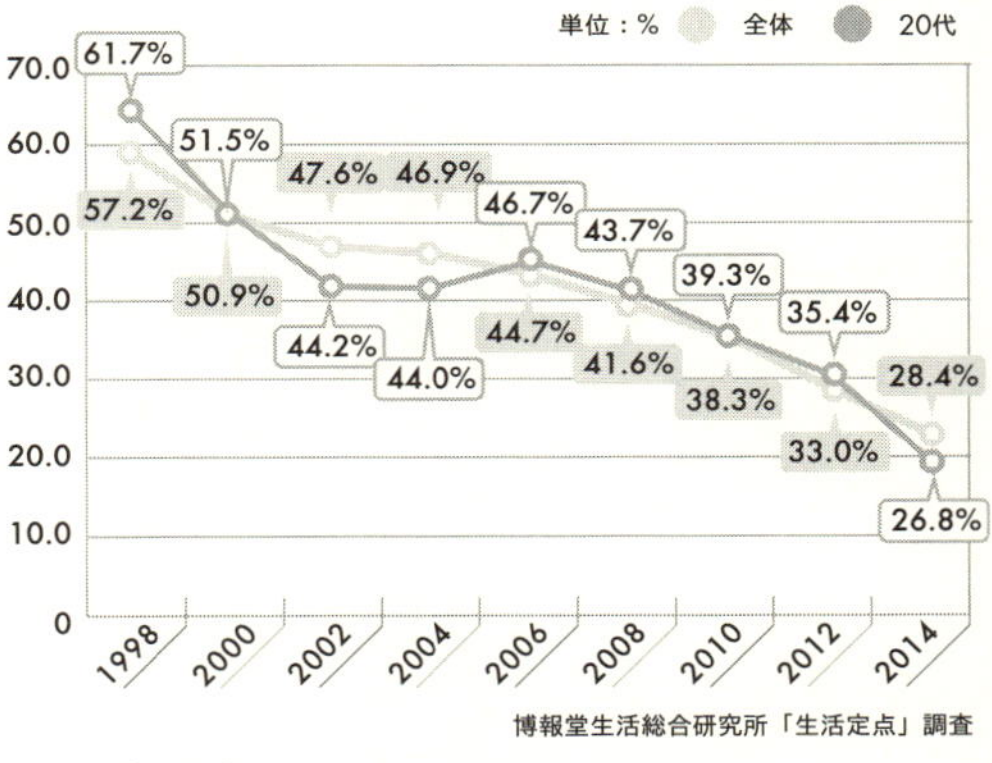

博報堂生活総合研究所「生活定点」調査

グラフ1 友人は多ければ多いほどよいと思う

低「いいね!」なら投稿削除

さらに、SNS上でそれぞれの生活があまりにも可視化され、共有されすぎることが、若者たちの間に新たな生きづらさを生み始めています。

新社会人のK君は、Facebookのニュースフィードに投稿するときには、細心の注意を払っています。「いいね!」の数が伸びない投稿は、自分のSNS上での評価を下げてしまうことになるからです。

「いつも、みんながSNSを見ている22時~24時に投稿します。タイムラインにはどんどん新しい情報が流れてくるので、みんなが見ていない時間に投稿すると、目に触れない可能性が高くなるので。そこまでネタを溜めておくんです。大体一つの投稿に最低でも30『いいね!』は欲しいですね」と彼は語ります。

「いいね!」数が30に届かなかった投稿はどうするの? と聞くと、「だいたい、最初の30分で10「いいね!」行かないと、そのまま出していても30に届きません。なので、その場合は投稿自体を削除します」と、私には理解できない答えが返ってきました。

営業部門に配属された彼は、日夜仕事に励んでいます。先日、その中で感じた業界の動向について、自分の考えをまとめて投稿したそうです。新人の彼なりに考えた末の、渾身《こんしん》の投稿だったに違いありません。しかし、30分で五つしか「いいね!」が付かず、泣く泣く投稿そのものを削除したそうです。

「そこまでしか伸びないということは、まわりが僕に求めている投稿ではなかったんだと思います。変に社会人ぶって背伸びしたことを書いていると思われたくなかった、というのもありました」

多くの友達が「いいね！」を押してくれるのは嬉しい、というのは多くの人が共感できることかと思いますが、「いいね！」が少なかったらせっかく熟考して書きこんだ投稿を削除するという彼の行動は、執着のレベルが明確に異なります。たくさんの「いいね！」＝嬉しい、と無邪気に考えるのではなく、むしろ、少ない「いいね！」＝自分の恥なのです。SNS上での自分の見え方への強いこだわりを感じさせます。

もちろん、全ての若者がK君とおなじではありません。彼いわく、「友達の中でも、小中学校の地元の友達にはいまだにプリクラの写真をプロフィール写真にしている子もいます。そういう子は、周りからどう見えるかとかは全然気にせずに、毎日のどうでもいい出来事を普通に投稿していますね」とのことでした。

だとしたら、K君が特殊な例なのではないか？　そう考えて、K君の話を他の若者たちにしたところ、分かる、分かる！　という共感の声がとても多くてさらに驚きました。

私にとっても、「いいね！」が少ないということは別に喜ばしいことではありませんが、そんなことを言っていたら自分の考えや、マニアックな趣味の投稿など絶対にできなくなります。そういう投稿をして、たとえ2人からしか「いいね!」が来なかったとしても、自分が共有したいニッチなトピックを「分かってくれる」人たちが2人見つかったという意味では、いいことなのではないか? そう、K君とは別の若者たちに質問すると、全員が一斉に引いた目になり、「酒井さん、それ、僕たちの世代には理解できない感覚ですよ」と言われてしまいました。

「自分のタイムラインを知り合いが見たときに、『いいね!』数が少ない投稿があって、人気のないやつ、空気が読めないやつ、と思われてしまうのが僕たちは怖いんです。だから、そういう投稿は多くの知り合いが見ている Facebook 上では投稿できないんです」

彼らにとって、「いいね!」の数はまるでテレビの視聴率です。視聴率の伸びない番組が打ち切られてしまうのと同じように、「いいね!」の伸びない投稿は、恥ずかしい過去を残さないために存在自体を消去されてしまいます。K君や彼に共感を示した若者は、東京の有名大学の学生や卒業生で、学歴や情報リテラシーが高く、他大学の学生や社会人も含めて広いネットワークを持っている層です。広いネットワークを情報リテラシーを駆使しながら構築しているという意味では、SNSを使いこなしている若者たちと言うこともできますが、だからこそ、SNSのタイムライン、ニュースフィードは、彼らにとってそのままの自分をさらけ出せる場ではなくなっているのです。

誕生日は非公開設定に

SNSにおける生活の過度な可視化、共有による〝生きづらさ〟を象徴する意見は他にもあります。社会人2年目のU君は、Facebookで自分の誕生日を非公開設定にしています。「誕生日につくお祝いコメントの数を気にしたくないんです。例えば500人友達がいたら、50コメントは少ないですね。こいつからコメント来ないかー……みたいなことも気になっちゃうので」。どのくらいコメントが付けばいいのか聞くと、「80いけば結構良い方だと思う」そうです。50コメントと80コメントの間に、実質的な違いがそれほどあるようにも思えないのですが、彼の中では明確に、コメント数が平均以上か、以下か、という線引きがあるようです。平均以下の数のお祝いをもらうのは恥ずかしい。そうなるくらいなら、もう誕生日自体を非公開にしてしまった方が良い、と彼は考えているのです。同じように誕生日を非公開設定にする人は最近、徐々に増えているようです。

誕生日は非公開にしていなくても、「ほとんど自分からタイムラインに投稿はしなくなった」という若者は少なくありません。理由は様々ですが、他の人の投稿と比較した時に、自分の投稿がつまらなかったり、レスポンスが少ないことを恐れていることは共通しています。〝つまらない、イタい、人気のない自分〟が可視化され、共有されることが恐怖なのです。ソーシャル性こそがSNSの本質的な価値であったはずなのですが、それこそが現在のSNSにおける生きづらさの元凶になっています。

「いいね!」厨《ちゅう》にはなりたくない

そのような傾向は他の人の投稿を見る目にも影響を及ぼしています。先ほどのU君に、Facebookに追加して欲しいボタンを聞いてみました。すると彼は、「Fuckin' Shit! ボタンですね」と即答しました。「特に、〝こんな凄い人と会いました!〟系の投稿は見ててイラッとします。それ、お前が凄いわけじゃないだろ、と思う」。同じ質問を他の若者にしてみても、「どうでもいいね!」「自慢乙《おつ》」というようなボタンを追加して欲しいという意見は非常に多くでてきました。SNS上でも空気を読む若者たちは、他者の自慢投稿にも非常に厳しい目を向けているようです。

2012年の文化庁メディア芸術祭では、ニュースフィード画面に表示されている投稿全てにボタン１つで「いいね！」が押せるという、その名もズバリ、「どうでもいいね！」という Google Chrome の拡張機能がエンターテインメント部門の新人賞を受賞しています。２０１２年当時は時代を風刺する一種のメディアアートとして評価された作品ですが、このような意識が強くなってくるともはや実用性を帯びてきている気がしてなりません。

　別の新社会人Ｔ君が言っていた、「みんなからの『いいね！』をむやみやたらと欲しがる『いいね！』厨にはなりたくないんですよね」という言葉は、とても象徴的です。Ｔ君は今、脚本の勉強をしています。脚本のコンテストにも応募して、受賞を目指しているのですが、仮に受賞したとしても、自らＳＮＳに投稿はしない、と断言していました。あまりに頑《かたく》ななので、自分が必死に頑張ったことが報われて凄い賞を取ったのに、本当にみんなに伝えないの？　本当は、みんなに自慢したいだろ？　と突っ込んでみました。

「確かに嬉しいですし、激しく自慢したくなると思います。でも、見せびらかしてる、自慢してると思われるのは絶対に嫌なんです。理想的なのは、賞を受賞したことを誰か知り合いが気づいてくれて、その人がＳＮＳ上でみんなに広めてくれることです」

　そんなことまで〝自慢でうざい〟と思われるとしたら、趣味で撮った写真がコンテストで入賞しただけで Facebook に嬉々として投稿している自分は若者に相当イタい奴だと思われているのではあるまいか……、そう考えて絶望していると、「Facebookで本当に心から『いいね！』を押せるのは、もう結婚とかしかないんじゃないでしょうか？」と彼はダメ押ししてきました。もう、何も投稿できることなんてないじゃないか！

見えすぎるヒエラルキー

一方で、そのような周囲の厳しい目をモノともせずに、多くの「いいね！」を集める若者もいます。そのような若者は大抵、高校、大学などのいわゆるスクールカーストで上位を占めている人々です。人気者の彼らは、常にたくさんのレスポンスを集めることができ、彼らはそのことに強い自負心を抱くようになっていきます。

有名私大を卒業し、現在は外資系企業に勤めるYさんは、自分のことを「勝ち組女子」だと言ってはばかりません。「自分は結構美人で、そこそこ頭も良く、きちんとキャリアアップもしている。イケメンの彼氏もいる。勝ち組でいるための努力を自分はしているし、結果も残してきていると思います。それには自信があるし、今後も努力は怠りません」。そう彼女は断言します。

SNSのタイムラインは、そんな彼女の努力の集大成です。彼氏と一緒に行った旅行、誕生日やハロウィンのパーティー、会社の同期との飲み会、それらの写真がきちんとセレクトされた上で並んでいます。写りが悪かったり、イケていない人と一緒だったり、そういう無駄な写真は一切載せません。「SNSは要するにセルフブランディングのメディアなんです。表に出す意味のない写真は絶対に載せませんし、勝手にタグ付けされてたら後でそっと外します。写真写りも自分で確認したいので、みんなで写真を撮るときは大抵、自分が写真を撮って、ちゃんと加工もしてからシェアするようにしています」と彼女は語ります。

彼女は、行きすぎないように細心の注意を払いつつも、一見自慢のように見える投稿をすることにもためらいはありません。彼女がそこまで自信を持つことができるのは、SNSで周囲からきちんと「いいね！」をもらい、評価されていることが確認できるからです。もちろん、一部には嫉妬する人間もいるかもしれませんが、それは彼女にとってそれほど重要なことではありません。多くの友達が、彼女にはリア充な生活を送る〝資格〟があると認めているし、その自負が彼女の中にもしっかりと存在するからです。

彼女たちSNSリア充を見て、「自己演出やってんなぁ〜」と思う若者も多いようですが、そのような発言には少しばかりの羨望《せんぼう》と、自分には無理という諦観《ていかん》も混じっています。

SNSリア充達の高度に洗練された投稿がタイムラインを占めるようになると、自分のそこまではイケていない写真はどうも投稿しづらくなります。SNSの投稿にも才能が必要な時代なのです。

別の社会人2年目のD君はこう語ります。「日々の気づきを書いてたくさんの『いいね！』をもらう友達もいます。彼が投稿することは確かに面白い。反対に、経済とかまじめな話を投稿していても、それがあまり面白くなくて裏でイタいと言われている友達もいます。自分はそれほど面白いことは書けないだろうし、イタいと言われるのも嫌です。だから、自分の考えとかは絶対投稿できません」

昔から、若者コミュニティの中には様々なキャラクターが存在しました。リア充な芸人キャラ、みんなが一目置《いちもく》くコラムニストキャラ、アスリートキャラ。ただ、それらはリアルな場に限定されたキャラ付けでした。しかしSNSは、そのキャラ付けを常時可視化し、ネットワーク全体の中でより際立たせる役割を果たしました。SNS上でカースト間の差はますます広がり、ネットワーク上に様々なリトル芸能人、リトルコラムニストが生まれていきます。タイムラインは、彼らによって寡占化されていくのです。こうなってくると、それほどタレント性を発揮できない大多数の人々にとっては、「大して仲は良くないが身近にいるリア充なやつらの投稿を眺めて何が楽しいんだ」という話になってきます。

SNSが誕生した時、私がそこに思い描いていたのは広場のような世界でした。分け隔てなく人が行き交い、自由に発言している、開放的な広場です。ですが、今の若者の話を聞いていてイメージされるのは、自由で開放的な広場というよりも、巨大なピラミッド。上の方に行くに従って、石の輝きが増していく、そんな明確なヒエラルキー構造をもったピラミッドです。昔のように強い発信力を持ったごく一部の有名人と、その他大勢の一般人という両極しかない構造ではありません。自分の身近なところに、その中間を埋めるプチ有名人が何人もおり、彼らがピラミッドの中間を占めている、そんな構造ができあがり、かつ明確に可視化されているのです。

ドイツのフンボルト大学とダルムシュタット工科大学の研究者がFacebookユーザー584人を対象に行った調査では、友達のページを訪れた後に、約3人に1人は社会的な孤独感や嫉妬心を抱いてしまう、という結果が出ています。SNSで友達の生活を垣間見ることが嫉妬《しっと》心や憂鬱《ゆううつ》な気分につながるという同様の研究結果はアメリカのミシガン大学、ベルギーのルーベン大学の研究者からも報告されています。リア充な友達が休日を楽しんでいる写真や、自分より多い誕生日のコメントを見ることで、羨望の感情が湧きおこり、気分が落ち込んでしまう、というのは、なにも日本の若者に限ったことではないようです。

親藩《しんぱん》・譜代《ふだい》・外様《とざま》で友達を分類

SNSで自分の基準で友達を階層化してしまい、その段階に応じて見せる自分の姿を変化させるというテクニックを使う若者もいます。大学4年生のEさんは、Facebookの友達を、なんと江戸幕府のように「親藩・譜代・外様」の3段階にきっちり分類しています。大学2年生の頃に知り合った社会人への対応に困ったのがきっかけで、彼女は自分の姿を誰にどこまで見せるか、徹底的にこだわり始めました。

「Facebookが名刺代わりになってしまったので、私的なことを知られたくない人には私の投稿やアルバムが見えないように、グループ公開設定にしています。それだけでなく、あまり親しくないのに『いいね！』してくる人や、もう会わないだろうという人は制限リストに入れています。それ以外にも、友達はほぼすべて親藩・譜代・外様でグループ分けして、表示対応を分けているんです。ただ、親藩・譜代・外様の中にも、入っているコミュニティによって『サークル・譜代』のように細かい分類がたくさん出てきてしまっているので、そろそろ整理したいところです」。そう彼女は語ってくれました。

日本史にあまり詳しくない方のために補足すると、親藩・譜代・外様というのは江戸時代に幕府が設定した、大名のランクです。親藩は御三家に代表される徳川《とくがわ》家の血を引く親戚筋。譜代は徳川の天下を決定づけた関ヶ原《せきがはら》の戦いの前から仕えていた古参の大名。外様は関ヶ原の戦い以降に徳川家に仕えた新参の大名です。Eさんは、古い付き合いで仲のいい人、自分のことを良く知っている人を親藩に、親藩ほどではないけれど共通のコミュニティに所属していたり、仲のいい共通の友達が多い人を譜代に、それ以外の関係性の薄い人を外様に分類しています。彼女は外様の友達には自分の投稿のほとんどは非表示になるように設定し、特にプライベートな投稿や誤解を生みそうな投稿は親藩にだけ表示されるように心がけているようです。

あまりにマニアックかつ面白い分類の仕方だったので、調子に乗って、友達全体を100%とした時の親藩・譜代・外様の割合を集計してもらったところ、親藩17%、譜代44%、外様39%だったそうです。ちなみに、本当の江戸時代の大名の割合は、親藩8%、譜代55%、外様37%。親藩と譜代の合計が約6割で、外様が約4割という構造は偶然にも江戸幕府と共通していました。

さすがに彼女は極端な例としても、「最近は全体のニュースフィードはほとんどチェックせずに、限られた友達とのグループページを使っている」、「彼女との情報共有用にしか使っていない」というような意見はたくさんの若者から聞かれました。

新しいSNSの作法

こうして様々な若者の意見を聞いていると、少なくとも情報リテラシーが高く、ネットワーク力の高い若者の間では、使い方を間違えると自分を必要以上にさらけ出してしまうSNSを使う際の新しい作法ができあがっていることがハッキリと分かります。

彼らにとって、慎重にメンテナンスしている自分のタイムラインに勝手に登場するタグ付けは一種のテロのようなものです。「勝手にタグ付けするのは本当にやめてもらいたいです。所属しているコミュニティごとに使い分けているキャラや伝えていないこともあるので、たとえ一緒に行動していても、許可なしに勝手に写真にタグ付けされて情報をばら撒かれるのは、公共空間に勝手に自分をさらされているようなものなんです」（社会人3年目・A君）

Facebook のニュースフィードは、サークル仲間も、高校の同級生も、バイト先の関係者も、ゼミの教授も見ています。今の若者たちにとって、そこに自分をさらけ出すにはリスクが大きすぎます。だからこそ、投稿の内容やタイミング、あるいは共有する範囲を慎重に選ぶのです。

だとすると、就職や進学を機に都会に出てくるようなことはせず、地元に定着しているネットワークが限定的な若者が、プリクラをプロフ写真にしたり、他の人にとってはどうでもいい自分の日記や感情をどんどん投稿するのも分かります。自分の割と気の抜けた投稿をしたとしても、彼らはそもそも親しい人としかつながっていないので、何ら気にすることはないのです。

クローズドSNSという矛盾

〝つながり〟そのものを縮小する動きも拡がってきています。Instagram を使用している若者にインタビューすると決まって出てくるのは、「Facebook はネットワークが拡がり過ぎているので、つながっている人がそれほど多くない Instagram の方が気兼ねなく投稿できる」という声です。同様に、Twitter は多くの若者が、複数のアカウントを併用しています。有名人のフォロー用、懸賞への応募用などにそれぞれのアカウントを役割分担し、発言はごく少数の友達だけが見ることができる鍵アカウント、もしくは匿名アカウントでしかしなくなっています。2004年当時はソーシャルに開かれていたはずのSNSが、どんどんと閉じた利用の仕方に変わってきているのです。これはFacebookの中でも起こっていて、ニュースフィードよりもグループページやメッセンジャーをメインで使う傾向が強まってきているようです。また、カップル2人だけで利用する『Couples』などの、さらに狭い関係に絞ったクローズドSNSと分類されるサービスも多く出現しています。

そういう意味では、若者のSNS疲れが話題になることも増えてはいますが、SNS自体から若者が離脱しているわけではないのです。でも、そもそも〝クローズドなソーシャル・ネットワーク・サービス〟というカテゴライズ自体に、「それ、もうソーシャルじゃないだろ！」というツッコミを入れたくなるのは私だけではないはずです。彼らはツールとしてそれらのサービスを使いこなす一方で、ソーシャルな「つながり」からは離脱しているのです。

結局のところ、クローズドSNSという根本的な矛盾を持ったサービスが出てきたのも、無秩序に拡大された過度な〝つながり〟可視化状態から、人々の本当のニーズに向かっての揺り戻し現象と見ることもできます。一部のヒエラルキー上位者や、アグレッシブなネットワーカーは別として、ほとんどの普通の人は、「たくさんの人とつながりたい」となんて、最初からそれほど思っていなかったのです。そういう意味では、SNSは（もうそれをSNSと呼んでいいのか疑問ですが）人々が本当に求める形に進化しつつあるということができるのかもしれません。

第3章

マイビッグデータ時代の Me to Me コミュニケーション

〝つながり〟の先にあるニーズ

第2章の冒頭で、博報堂生活総合研究所が実施している「生活定点」調査から、「友人は多ければ多いほどよいと思う」という意識が１９９８年の質問開始以降、一貫して減少し続けており、２０１４年の段階ではほぼ半減している、というデータをご紹介しました。20代ではＳＮＳが登場した２００４年以降、値の減少に歯止めがかかっていましたが、２０１０年代になると再び減少に転じています。同様に、「自分は誰とでも友達になれる方だ」という項目も、94年の質問開始以来、一貫して減少しています。20代ではやはりＳＮＳが登場した２００４年に顕著に増加していますが、その後減少に転じ、２０１４年には結局、ＳＮＳ登場以前と同水準の値に戻ってしまっています。

これらのデータを見ても、ＳＮＳが登場して間もない頃は、みんなこれまで触れたことのない真新しいツールによってネットワークを拡げることを楽しんでみたものの、それは一過性の熱で終わっていたことが分かります。もちろん、中にはＳＮＳのトモダ

グラフ2　自分は誰とでも友達になれる方だ

チを1000人、2000人と増やすことに情熱を傾け、プチ有名人のようになる人もいたわけですが、大半の人は、無尽蔵に「つがなり」を拡大していくことにそれほど情熱を抱いていたわけではなく、むしろその熱は長期的に見れば減少を続けていたのです。では、今、人々は何を求めているのでしょうか？　そこには、マイビッグデータ時代の扉を開く、強い欲求が見て取れるのです。

情報爆発は第3段階へ

高まりつつある人々の欲求を解き明かす前に、少し大局的な視点に立ってみましょう。

今、私たちは人類史上、経験したことのない情報爆発時代を生きています。背景にあるのは、もちろんインターネットの浸透です。1995年にWindows 95が登場し、それが火付け役となってインターネットが一般家庭にも浸透していきました。それ以降、ブロードバンド回線の普及やパソコン、スマートフォン等のデバイスの進化、そしてSNSの登場によって私たち生活者自身が毎日情報を発信するようになることで、私たちを取り巻く情報量は爆発的に増えていきました。

さらに、今後、ウェアラブル端末などの新たな通信デバイスを私たちが身につけたり、

IoT（Internet of Things）技術の進化により、自動車や住宅、家具までもがインターネットに接続されることで、私たち自身の大量のバイタルデータやライフログが生産されるようになります（もちろん、情報爆発は私たちが直接目にしない領域でも起こっています。例えば工場の生産や物流に関する情報、小売店の販売データ、あるいは街中の監視カメラの映像データといった様々な情報も大量にインターネット上を行き交うようになりました）。

そのような情報爆発の変遷を、私たちが日常生活で直接触れる情報の質の変化という視点で見てみると、1995年からの時代の変化は大まかにいって三つの段階に整理できそうです。

まず第1段階は、1995年のWindows 95の発売とインターネットの普及からSNS登場前夜、2003年までの9年間です。ネットサーフィンという言葉も生まれたこの時代に爆発したのは、ニュースや施設・交通情報、あるいはクチコミといった社会全体に公開されることが前提の「世の中情報」でした。

第2段階は、2004年のSNS登場から2014年までの11年間です。この時代はSNSの浸透によって可視化された友達のネットワーク上に、多くの情報が投稿されるようになりました。爆発する情報の内容が、「世の中情報」から友達や家族など自分の周囲の人々のプライベートな情報、「周辺情報」に変化していったのです。

そして第3段階は、2015年から始まります。2015年はウェアラブル元年と呼ばれていますが、第1章でご紹介したように、ウェアラブル端末によってもたらされるのは脈拍数や活動量など、私たちのカラダが発する様々なバイタルデータです。

第1段階の「世の中情報」の爆発期、第2段階の「周辺情報」の爆発期はそれぞれ約10年間でしたが、これからの10年間はバイタルデータや遺伝子情報、あるいはライフログを中心とした、私たち自身の情報、「自分情報」が飛躍的に増加していくはずです。これまで、情報の発信源は世の中から自分の周辺へと、どんどん身近になってきましたが、ついに、自分の内側から情報が爆発する時代を私たちは迎えようとしているのです。

この「情報爆発の3段階」の変遷を、もう少し詳しく見ていきましょう。

1995年〜2003年：「世の中情報」の爆発期

1995年はMicrosoft社からWindows 95が登場し、世界中で一大ブームを巻き起こした記念すべき年です。私は2015年現在、33歳ですが、30代の方の中には、初めて触ったパソコンはWindows 95を搭載したものだった、という方も多いのではないでしょうか。

それまでのOSに比べて非常に簡単に操作できるWindows 95は爆発的にヒットし、同時にインターネットの普及にとっても火付け役になりました。

インターネット回線も、ダイヤルアップ接続の時代を経て、ISDN、ADSLが登場。徐々に通信スピードが速まっていきました。同時に、Webサイトを開設する企業や団体が増加し、インターネット上に様々な情報が溢れだしました。この時代に登場したのが、「ネットサーフィン」という言葉です。もはや完全に死語ですが、当時は「パソコンを買って情報の波間を興味の赴くままにネットサーフィンする」ことが時代の先端だったのです。

2000年前後には、個人が自由に情報を発信し、やり取りできるサービスが生まれます。2ちゃんねるなどのネット掲示板やネットオークション、クチコミサイトなど、今や当たり前になっているWebサービスが相次いで開設されたり、個人サイトを持つことがブームになりました。

そういう意味では1995年から2003年の9年間は、インターネットが普及し始める前期（95〜99年）と、ユーザー自身が情報を生産していくCGM（コンシューマー・ジェネレイティッド・メディア）が登場する後期（00年〜03年）に分かれるのですが、総じてこの9年間に言えるのは、ネット上に発信される情報は、ニュースであれ、クチコミであれ、

「社会全体に公開することが前提だった」ということです。

一方で、ネット情報の信頼性が疑問視され始めたのもこの頃です。玉石混淆《ぎょくせきこんこう》なネット情報には当然、真偽のほどが定かではないものも多く含まれます。デマや不確かな情報に惑わされず、情報を上手に取捨選択できるかどうかが課題となり、「情報リテラシー」という言葉が生まれました。

2004年～2014年：「周辺情報」の爆発期

第2の時代はSNSが登場した2004年から2014年までの期間です。2004年に初の日本版SNSであるGREEとmixiがほぼ同時に登場しました。その後、2008年にFacebook、Twitterが日本語版をリリース。SNSはWebの主役としての地位を確立します。

SNSの登場で、私たちが発信する情報も変化していきます。ネット掲示板やクチコミサイトのように「世の中全てに向けて発信する」というよりは、「自分のネットワーク上の友達に発信する」ことがメインの目的となっていきました（これは同時期に普及していったブログにも言えることです）。SNS上では様々な友達の日々の行動が共有され、私たちは頻繁にタイムラインをチェックし、「いいね！」を押し合うようになりました。自分の身の回りの情報が爆発する、「周辺情報」の爆発期を迎えたわけです。

ＳＮＳがこれだけ広まった背景として、スマートフォンの普及も見逃せません。２００８年に iPhone 3G が発売され、２０１０年を過ぎるとスマホ所有率はうなぎ上りに上昇していきました。２０１４年段階での「生活定点」調査では、20～60代全体でスマホの普及率は6割近く、20～30代では8割を超えています。スマートフォンのアプリによってＳＮＳの利用は圧倒的に簡単に、高頻度になりました。ただし、この時代の後期になると、第2章でご紹介したように、拡大しすぎたネットワークが新たな生きづらさを生み、〝つながり〟から撤退したり、より狭いネットワークに移行する動きが出てきています。

拡大しすぎたネットワークに溺れるよりは、もっと近しい人たちだけでコミュニケーションを取りたい、というニーズをうまく取り込んだのがＬＩＮＥなどのメッセンジャーアプリですが、こちらはこちらで、友達とのやり取りが際限なく行われ、睡眠時間さえ削られる「ＬＩＮＥ疲れ」が問題となりました。

また、自分自身のプライベート情報をＳＮＳ上に投稿する際に、「どんな情報を、どの範囲の人達までなら見せていいいか」という新たなリテラシー上の問題が生じました。２０１

3～2014年に頻発した、非常識な「Twitter画像投稿が炎上する「バカッター」騒動は、本来ごく限られた友人にだけシェアするつもりが、誰でも閲覧可能なプライバシー設定の状態で画像を投稿してしまったがために大きな炎上を呼んでしまったものです（非常識な行動を取ること自体が根本的な問題ではありますが）。そのため、Twitter や Facebook に鍵をかける（友達以外は見られないようにする）、投稿によっては親しい友達だけに公開範囲を設定するなどの対策を、今では多くの若者が行うようになりました。

さらに、最近では自分の名前を検索エンジンやSNS上で検索してみる、「エゴサーチ」という言葉も定着してきています。「周辺情報」の爆発期は、自分自身のプライベートな情報がネット上に蓄積され始めた時代でもあるのです。

2015年～：「自分情報」の爆発期

こうして時代の流れを俯瞰すると、一口に「情報爆発の時代」と言っても、デバイスやメディアの進化によって、おおよそ10年毎に爆発する情報の質が変化していることが分かります。それでは、これからの10年間は、一体どのような情報が爆発する時代なのでしょうか。

先に触れたように、2015年はウェアラブル元年と呼ばれています。様々なウェアラブル端末が既に発売されていますが、その普及のカギと考えられているのが、脈拍数や活動量など、私たちのカラダが発する様々なバイタルデータの収集です。第1章でご紹介したように、このような動きはウェアラブル端末だけではありません。スマートフォンでも、GPSと加速度センサーを利用して私たちがその日、どこでどのくらいの時間を過ごしたのか、行動履歴を自動で記録したり、カメラに指や顔を映すことで脈拍数や心理状態を推計するアプリも相次いで登場しています。さらに、自分が生まれながらに持っている特性や特徴、病気リスクを明らかにする遺伝子検査を行うサービスも多様化してきており、今後はIoT（Internet of Things）技術でネットに接続された車や家具も、私たちの行動をデータで明らかにしていくはずです。

この流れはまだ始まったばかりですし、そのようなデータを具体的にどう生活に活かしていくのか、という点については様々な研究開発が行われているところです。しかし、そのような大きな技術進化の流れを私たち一般の生活者の視点で見つめると、これからの10年間は今まで向き合うことのなかった自分自身の情報が可視化される、自分の内側から情報が溢れ出す、「自分情報」の爆発期、つまり、マイビッグデータの時代がやってくる、と考えることができます。

では、私たち生活者はマイビッグデータ時代の到来を望んでいるのでしょうか？　あるいは、どんな形であれば、大量に発生する自分情報を、自分たちの幸せのために役立てることができるのでしょうか？

ぼっちになってもキョロ充にはなりたくない

この本を読んでいる20～30代の方の中には、「ぼっち充」という言葉をご存じの方も多いのではないでしょうか。ネットスラングなので明確に定義が定まっている訳ではないのですが、大まかに言うと「ひとりきりの時間を楽しめる人、普通は誰かと一緒に行くような場所にもひとりで行って楽しめる人」というような意味で使われることが多いようです（同じような意味で使われるソロ充という言葉もあります）。

もともと「ぼっち」という言葉はネットスラングで、「大学などで友達ができず、ひとりで飯を食っているような寂しい奴」というかなり否定的な意味で使われていました。ですが今SNS上では、ひとり焼き肉やひとりカラオケを楽しんだり、ひとりでテーマパークに行ったことを報告する投稿が増えてきています。ひとりであることを否定的に捉えるのではなく、むしろ誰にも気を遣わない快適さに意識が向かってきているのです。彼らの多くは別にまったく友達がいないという訳ではなく、だからこそ、「ぼっち」で楽しんだ体験をSNSで共有しています。友達とはネットを介して気が向いたときにつながればよく、オフラインでの常時接続は求めていないのです。

「ぼっち充」や「ソロ充」という言葉は、「リア充」からの派生語ですが、同じような派生語に「キョロ充」という言葉もあります。これは、「ぼっちになりたくないので大学の食堂などで、自分の知り合いがいないかどうかキョロキョロとあたりを見回す、リア充グループの金魚の糞《ふん》」というキツい蔑称《べっしょう》なのですが、「たとえ、ぼっちになったとしても、キョロ充には絶対になりたくない」という若者にも私は数多く出会いました。

「そもそも、みんな簡単に〝友達〟だって言いすぎなんですよ」。そう語ってくれたのは、社会人3年目のS君とIさんです。10歳近く年の離れた私と話す時にも笑顔を絶やさない彼らは一見、とても社交的な若者です。コミュニケーション能力も高く、さぞたくさんの友達がいるんだろうと思っていたら、二人とも「友達と呼べる人は10人もいない」と口を揃えます。SNS上でつながっている友達もほとんどいません。

二人はお互いに大学でできた数少ない友達です。男女5人ほどのグループで、「みんないつでも何のためらいもなく呼び出せる。何でも話すし、話される存在。そういう友達が数人いれば、人にも〝僕、友達少ないですから〟と堂々と言えるんです」そう断言する彼らは本当に仲がよさそうです。きっと毎日のようにみんなで集まってつるんでいるんだろうと思ったのですが、実際に会うのは、私が彼らにインタビューした日が「3ヶ月ぶり」だそうです。

しかも、最後に会った3ヶ月前の機会というのは、私が二人を誘った集まりです。「めちゃくちゃ仲いいのかと思ったら、全然会ってないじゃない」。そう突っ込むと、「いや、実際に会わなくても、僕たちはLINEとかで常につながっているんです。会いたくなったらいつでも会えるわけだし、むしろいつもつるんでないといけない意味が分かりません。俺たちひとりでどっかに行くのもぜんぜん平気だし」

小学校に入る頃にはインターネットのある生活が当たり前だった彼らにとって、オンラインもオフラインも、友達とのつながり方としての差がなくなってきています。オンライン上でいつでもつながれる、会おうと思ったらいつでも会える、という安心感があるから、彼らはひとりで行動することに何の抵抗も抱かないのでしょう。

増える〝ひとり系〟コンテンツ

このような傾向は若者に限った事ではありません。1994年から1996年にかけて『月刊PANJA』に連載されていた久住昌之《くすみまさゆき》さんと谷口《たにぐち》ジローさんによる漫画『孤独のグルメ』が一躍、脚光を浴びるようになったのは、2012年のドラマ化以降です。その後、毎年、新たなシリーズが放映されています。この作品では雑貨輸入商の独身中年男性の立ち寄った店での食事シーンが淡々と描かれていますが、「生活定点」調査でも、「ひとりで外食をすることに抵抗はない方だ」という人の率は2000年以降、徐々に上昇しており、20代では既に半数を超えています。

『孤独のグルメ』以外にも、『花のズボラ飯』や『ごほうびごはん』など、主婦やOLのひとり飯を描いた漫画や、『孤独の価値』『群れない生き方』『「孤独」が男を変える』などの孤独をテーマにした書籍がこの数年、多く出版されています。それらの作品に共通しているのは、「孤独」を寂しいものではなく、楽し

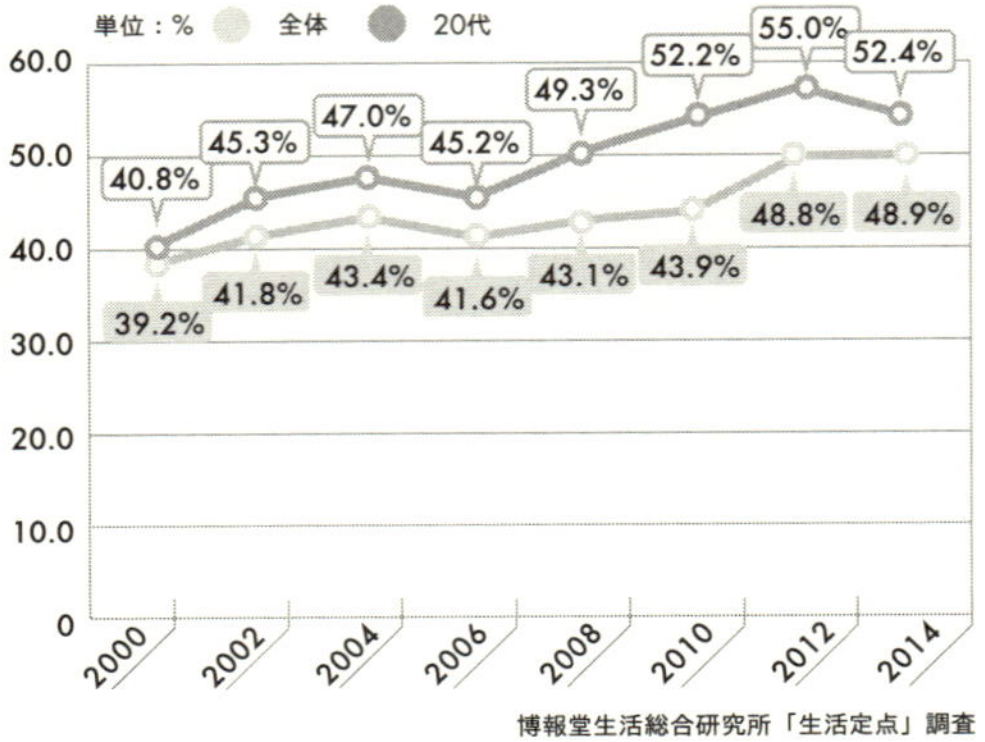

博報堂生活総合研究所「生活定点」調査

グラフ3　ひとりで外食をすることに抵抗はない方だ

いものとして捉えなおしている、という点です。

このような現象の背景には、ひとりで過ごす時間の増加があると考えられます。総務省の実施している社会生活基本調査では、日本人が一日をどのように過ごしているのか、調査対象者のある一日の行動を24時間分刻みで調査しています。その結果を時系列で見てみると、日本人が「ひとりで過ごす時間」は近年、増加傾向にあります。２０１１年には３２０分と5時間以上にのぼっており、睡眠時間も含めると、一日の約半分はひとりで過ごしている計算になります。これは人口比率を反映した日本人全体の平均値なので、もともとひとりで過ごす時間の多い高齢者の増加などの影響もなくはないのですが、年代別で見ても20代後半以上のほぼ全ての年代で、ひとりの時間は１９９6年に比べて増加しています。その一方で、同調査での「交際・付き合いの時間」はほとんどの年代で軒並み減少しているのです。全体として日本人が「ひとり」になってきているということは言えそうです。ひとりの時間を過ごす人が増えたことで、その時間をどう

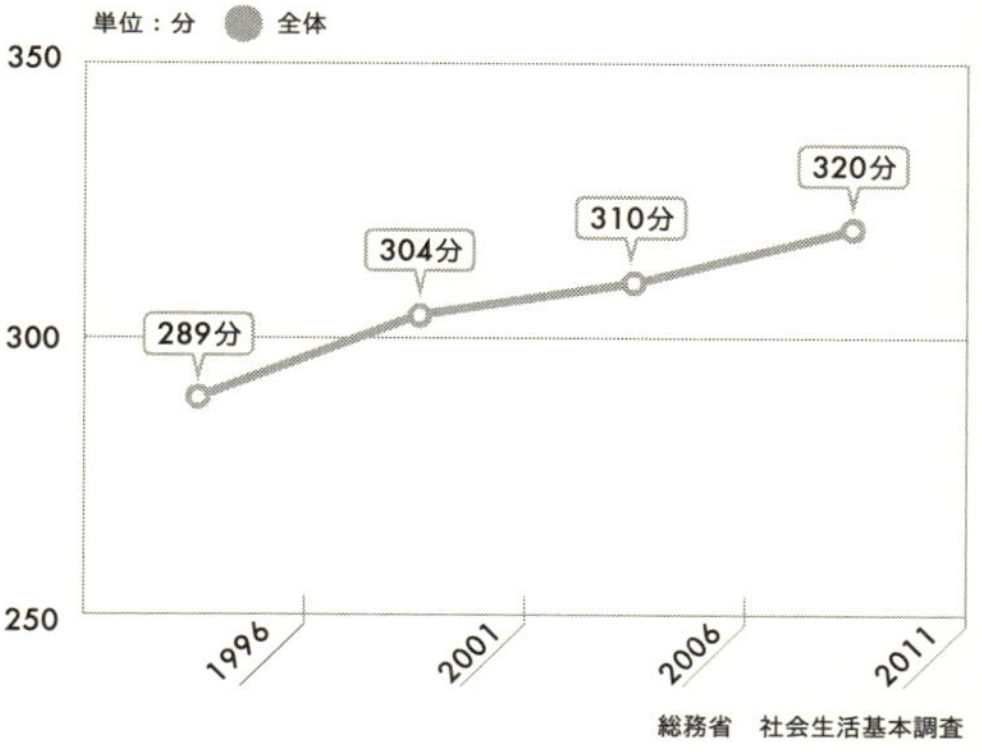

グラフ４　一日におけるひとりで過ごす時間（睡眠除く）

充実させるのか、ということに注目が集まるのは自然な流れだといえます。

フジテレビで放映されている「久保みねヒャダこじらせナイト」という私も個人的に大好きな深夜番組があるのですが、番組内で製作された『WE ARE THE ひとり』という曲の歌詞はこのような「ひとり」を選び始めている私たちの一端をとてもよく表しています。

この曲は、「年末年始をひとりで過ごす人を応援する」というコンセプトで製作されたのですが、サビの部分の歌詞をご紹介しましょう。

WE ARE THE ひとり WE ARE THE ひとり ひとりがすき
テレビがあればひとりじゃない （ネットだってある）
けどフィジカル的にはひとり
WE ARE THE ひとり WE ARE THE ひとり ひとりがいい
誰ともつながってない訳じゃない （社会性だってある）
でも、みんなといても　どうせひとり　僕たちは今年もひとり

今は「ネットだってある」から、「誰ともつながってない訳じゃない」。だから「フィジ

カル的にはひとり」であったとしても、「社会性だってある」し、心理的には「ひとりじゃない」。つながることが容易になったおかげで、孤独が孤独ではなくなっているのです。

一方、「でも、みんなといても　どうせひとり　僕たちは今年もひとり」という最後の一節にはちょっとドキッとさせられます。しかし、この一節も、実は今後の予測としてあながち間違ってはいないのです。

「咳をしてもひとり」はもはやデフォルト設定な世の中

「生涯未婚率」という人口統計の用語をご存知でしょうか。これは、ざっくり言うと「その年に50歳だった人のうち、一度も結婚経験のない人の割合」を表す統計用語です（実際の算出方法はもう少し複雑なのですが、ここではそう捉えて頂ければ大丈夫です）。

最近は50代、60代でご結婚される方も少しずつ増えてきているので、50歳の段階で結婚経験がないからといって、「生涯未婚」としてしまうのは時代にそぐわない気もするのですが、それは一旦置いておくとして、2000年から2035年までの生涯未婚率の推移と予測値を見てみましょう。

まず、2000年の男性の生涯未婚率は12・6％でした。つまり、2000年に50歳を迎えた男性は、だいたい10人に1人がそれまで一度も結婚したことがなかった、ということになります（離婚した人はこの中には含まれません）。この値が、2035年には29%と約3割にまで上昇します。2035年に50歳ということは、2015年に30歳を迎える男性のうち、だいたい3人に1人くらいは少なくとも50歳の時点では一度も結婚していないだろう、と予測されているのです。女性でも男性同様、生涯未婚率は上昇しています。2000年は5・8%でしたが、2035年は19・2%。2015年に30歳を迎える女性のうち、だいたい5人に1人は50歳時点で結婚経験がない見込みなのです。

生涯未婚率の上昇の影響もあり、全世帯に占めるひとり暮らし世帯（単身世帯）の比率もどんどん増加しています。1995年には全世帯の4分の1くらいだったのですが、2015年には3分の1に。さらに2035年には4割近くに上昇します。ひとり暮らしの人はこれまで、若い世代や高齢者世代で多かったのですが、今後はその間の中年世代も含め、どの年齢で

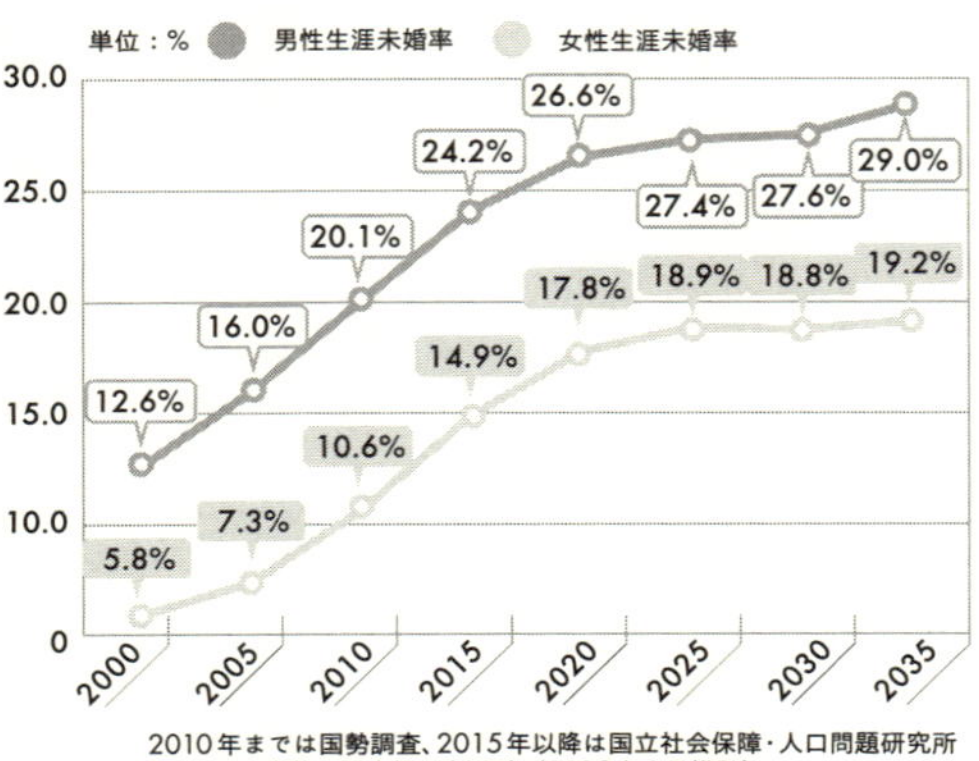

2010年までは国勢調査、2015年以降は国立社会保障・人口問題研究所「日本の世帯数の将来推計（全国）」（2013年1月推計）

グラフ5　生涯未婚率

も満遍なく増加すると予測されています。

それに、たとえ結婚していたり家族と一緒に住んでいる人にとっても、ひとりで過ごす時間は増加しています。例えば食事をバラバラにとる夫婦の率は上昇の一途をたどっています。尾《お》崎放哉《ざきほうさい》の有名な句に「咳をしてもひとり」という句がありますが、これからの時代、それは一部の人の状況ではなく、むしろほとんどの人にとってデフォルト設定（標準設定）である、と言うことができるでしょう。

自分用チョコは本命に勝る

「ひとりで生きる人」の増加は結婚して子供を産む人も少なくなるということなので、人口減少に拍車がかかるという意味ではあまり良くない傾向です。

ただ、これまでマイノリティだったそのような生き方を選ぶ人々が、社会全体の中でも大きな存在感を持つようになると、ひとりカラオケのような「ひとりで生きる」人向けの商品やサービスはこれからもどんどんと増えていくでしょう。年をとっても、昔のように仲

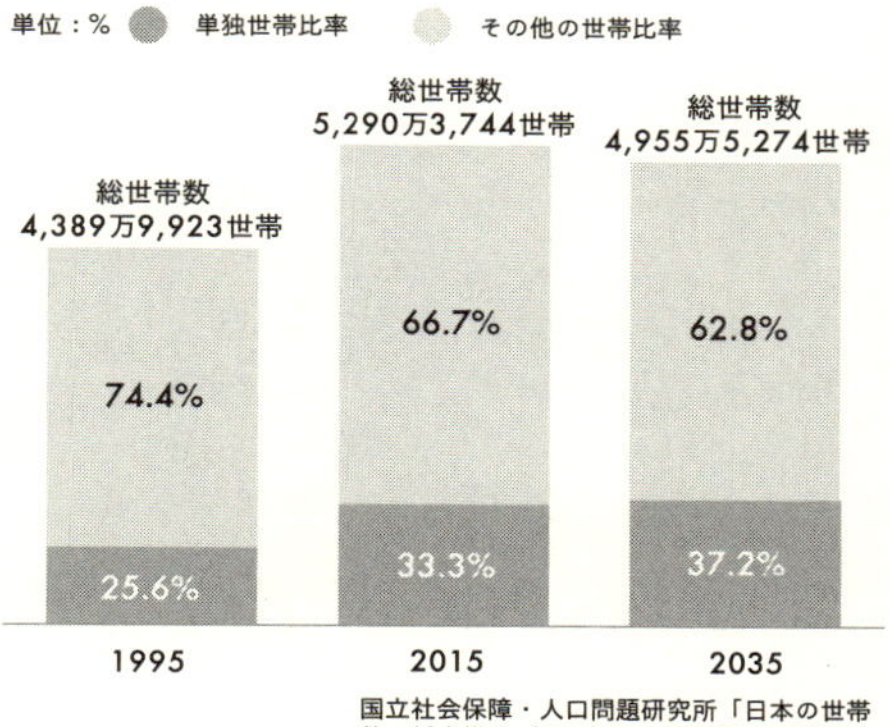

国立社会保障・人口問題研究所「日本の世帯数の将来推計（全国）」（2013年1月推計）

グラフ6　単独世帯の全世帯に占める割合

のいい友達がほとんど結婚してしまい、遊び相手がいなくなる、ということはなくなります。同年代の独身の遊び相手は探そうと思えば難なく見つかる時代になるのです。そう考えると、日本全体にとっての良いか悪いかではなく、人ひとりの人生で考えれば、たとえ生涯独身、生涯ひとりだったとしても、「思っていたよりも悪くない、結構楽しい未来」が開けている、と見ることもできます。

一方で、人生の中で「ひとり」の時間が増えるということは、それだけ自分のケアは自分でする必要が出てくる、ということでもあります。プランタン銀座《ぎんざ》では、バレンタインチョコの予算を毎年調査、発表しています。本命チョコと自分用チョコの平均金額を見てみると、本命チョコの平均金額は多少の増減があるものの、この10年間でそれほど変化していないことがわかります。一方、自分用チョコは２００６年の２６７５円から２０１４年には３９５４円まで１０００円以上上昇し、いまや本命チョコよりも６００円以上高額になっ

プランタン銀座「バレンタインデーに関する女性の意識調査」

グラフ7　バレンタインチョコの予算

ています。バレンタインは好きな人にチョコをあげる日から、自分にご褒美をあげる日に変わりつつあるのです。

博報堂生活総合研究所が実施している「生活定点」調査でも、「自分へのごほうびとして自分にプレゼントを買ったことがある」人の率は１９９８年から男女ともに上昇し続けています。そのような人は女性の方が男性よりも多いイメージがありますが、２０１４年には男性でも３人に１人は「自分にごほうびを買ったことがある」という水準まで上昇しています。人生の中でひとりの時間が増加すると、それだけ自分で自分をケアしたり、メンテナンスしたりする必要が出てきます。それは、単に健康面だけでなく、心の面でも同じです。自分の頑張りを自分でねぎらい、また頑張ろうというモチベーションを高めようという自愛の欲求が、生活者の間で高まっているのです。

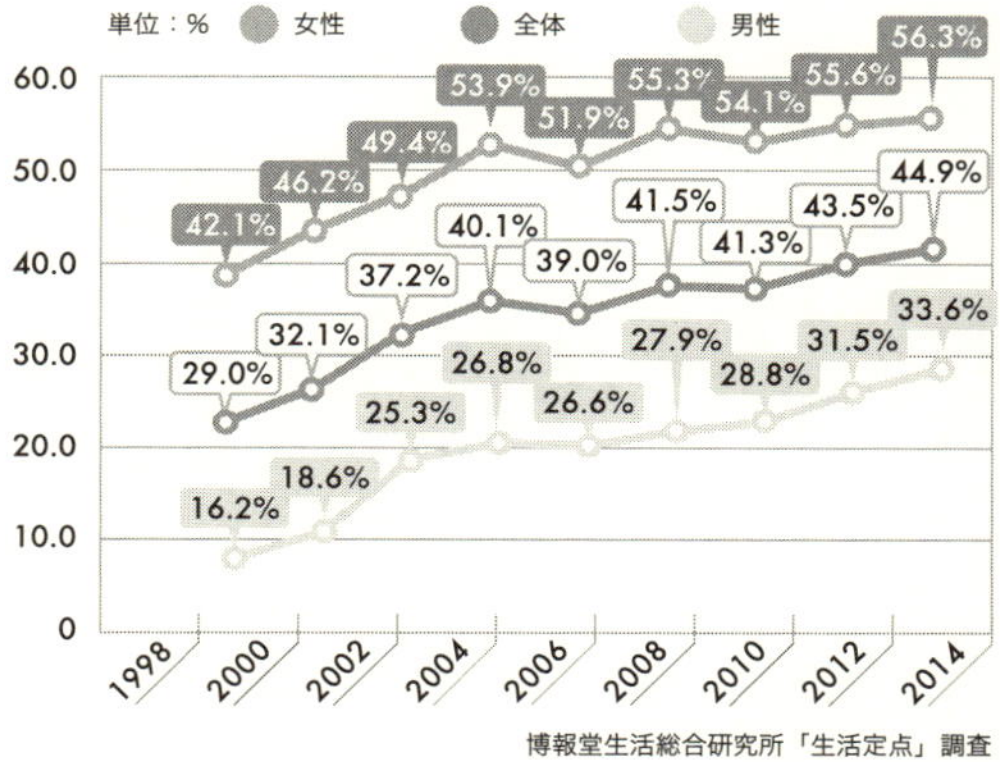

博報堂生活総合研究所「生活定点」調査

グラフ８　自分へのごほうびとして自分にプレゼントを買ったことがある

Me to Me（自己対話）のコミュニケーションへ

単にテクノロジーの進歩だけが、新しい時代を創るのではありません。そこに私たち一人ひとりの日々の生活や欲求、価値観が重なり合った交点にこそ、次の時代の扉が開きます。「ひとりの時間」を大切にする意識が高まり、「ひとりで生きる」という人生がメジャーになっていくことが、自分をメンテナンスする欲求を生みはじめています。そこに、自分を見つめる〝第二の鏡〟として機能する新しいテクノロジーが掛け算されることで、自分の内側からあふれ出る大量の自分情報を、自分のために活用していく、マイビッグデータ時代が到来するのです。マイビッグデータ時代には、人々の欲求とテクノロジーが交わり合うことで、様々な新しいライフスタイルや価値観が出現するはずです。そんな時代の私たち生活者とは、一体、どんな暮らしを送ることになるのか、それについては第6章で具体的に予測していきたいと思います。

一方で、バイタルデータやライフログ、遺伝子情報などの「自分情報」は、これまでに情報爆発してきた「世の中情報」や「周辺情報」と明らかに異質です。なぜなら、ニュースやクチコミ、周囲の人々の日々の出来事に関する情報は、情報爆発以前にもマスメディアや友達との会話の中で私たちがよく見聞きする情報であったのに対して、自分の内側から勝手に生産されていくバイタルデータやライフログ、遺伝子情報は、これまで私たちがほとんど触れてこなかった種類の情報だからです。そこに現れるのは、これまで知ることのなかった「新しい自分」です。私たちは、そんな自分の意思ではコントロールできない、自分の体や潜在意識と自己対話していく時代の扉を開こうとしているのです。

「世の中情報」の爆発期は、B to C（企業対個人）がコミュニケーションの中心でした。「周辺情報」の爆発期になると、C to C（個人対個人）が主役の座を奪います。そして、これからの「自分情報」の爆発期、マイビッグデータ時代は、Me to Me（自己対話）がそこに加わり、ひとりがデフォルト設定になった私たちの日常において、コミュニケーションの中心を占めていく可能性すらあるのです。

一方で、私たちは他者とのコミュニケーションには慣れていても、自分の内面を見つめること、自分と対話することにはまったく慣れていません。自分を見つめるということ、自分と対話するということはどういうことなのか、次の章ではそれを探るために、「自己対話のプロ」とでも言うべき方々がどのように自分と対話しているのかをご紹介しましょう。

第4章

自己対話のプロたち

自分の心という実態のないものを、どのように捉え、対話し、コントロールしていくのか。そのヒントを探りに、様々な角度からこの難題にアプローチしている3人の自己対話のプロのもとに私は向かいました。

まずおひとり目は、心という実態のないものを可視化して治療に役立てる、バイオフィードバックという治療手法を行っている心療内科医。次に、著名人を含めた多くの方が心の安定を求めて坐禅《ざぜん》に通う、臨済宗寺院の御住職。そして最後は、常に危険と隣り合わせの山深い行場を渡り歩き、火渡りなどの高い集中力を要する荒行を行う山伏の指導者の方です。

バイオフィードバックで感情を取り戻す

私が最初に注目したのは心療内科で行われている、バイオフィードバックという治療手法です。心療内科は内科の中にある一分野で、主に頭痛やアレルギー、気管支喘息《ぜんそく》や胃潰瘍《いかいよう》などの体の不調を治療しています。それらの症状にはストレス等の心理的な要因が密接に関係しているため、心療内科では患者さんの心理状態を可視化して症状の改善を目指す「バイオフィードバック」という手法が取り入れられているのです。具体的にはどのような治療が行われているのでしょうか。

「バイオフィードバック療法を通じて、患者さんは自分が忘れていたリラックス状態を取り戻していくのです」

東邦《とうほう》大学医療センター大森《おおもり》病院心療内科で、バイオフィードバックを活用した心身症の治療に取り組まれている都田《みやこだ》淳《じゅん》医師はそう語ります。例えば、自分が緊張状態であることと自体に無自覚になり、慢性的にストレスを抱えてしまうアレキシサイミア（失感情症）と呼ばれる病気の場合。バイオフィードバック療法では、まず、患者さんの心理状態を可視化することから治療が始まります。体につけたセンサーで皮膚温や筋電位（筋肉を動かすときに生じる電圧）を計測し、緊張の度合いを計測していくのです。

「アレキシサイミアの患者さんは、何らかの理由でどういう状態が〝緊張〟で、どういう状態が〝リラックス〟か、忘れてしまっています。そこで体が発する様々なデータから、今の自分の心理状態を見せてあげるんです」

心を、滝を流れる水に

都田医師の勤務する心療内科では、筋電位を使って緊張状態を計測する装置を導入しています。この装置が面白いのは、筋電位が一定以下になると、患者さんが望ましいリラックス状態になったと判断し、モニターに表示されている滝が流れ出す、というビジュアライゼーションを取り入れているところです。

患者さんは、リラックスのための体操などをしながら徐々に緊張状態を解いていき、画面上の滝が流れ始めたら、できるだけ滝が流れ続ける時間を長くできるようにトレーニングしていきます。これを繰り返すことで、患者さんは「あ、これが〝緊張〟という状態なんだ」「お、今のが〝リラックス〟なんだな」「おっと、今また〝緊張〟に戻った」というように、自分の心理状態をリアルタイムで把握していきます。治療方法としては、まったく複雑なものではなく、その手法はとてもシンプルです。

「何かのきっかけで、それまで何も意識しなくても乗れていた自転車に、いきなり乗れなくなってしまったようなものなのです」と都田医師は表現します。まずは失ってしまった感覚やコツを取り戻すことが大事なのですが、自転車と違って心理状態は目に見えないため、どうしても感覚がつかみにくい。そのため、テクノロジーの力を借りて、滝を流れる水の形に自分の心を具現化しているのです。

「どういう場面であなたが緊張しているのか、機械を通して見せることで、緊張状態を客観的に理解でき、そこからリラックスしていく感覚を覚えてもらえます。治療を繰り返すとだんだん感覚が自覚的になってくる。そうなると、つかめます。あとは日常生活の中で、過度に緊張しないためにどうすればいいか、一緒に考えていくんです」。この病院では、長年データが蓄積されている筋電位や皮膚温を主に使っていますが、呼吸や脈拍などを治療に使うことも可能です。海外では、脳波を優先して取っているクリニックもあるそうです。

このようなバイオフィードバック療法は、アレキシサイミアだけでなく片頭痛や緊張性頭痛、気管支喘息、高血圧、不整脈などの一般的な病気にも適応可能です。さらに、もともと人前で緊張してしまう、過呼吸になってしまうといった体質を持っている方にも適応されています。要するに、ストレスと何らかの関係がある症状であれば、バイオフィードバック療法によって症状が改善する可能性があるのです。特に、緊張性頭痛は全頭痛の50%を占め、海外の研究によると生涯有病率は74%にも上ります。様々なストレスにさらされている私たち現代人にとっては、慢性化する緊張状態に無自覚になり、何らかの体の不調を生んでしまうことは決して他人《ひと》ごとではないでしょう。

「ストレスを自覚できる通常の状態であれば、リラックスできる時間を多めに取りましょう、で済んでしまいます。でも、カラダに症状が出ているということは、緊張が自覚できていない可能性があるんです。そのままにしておくと、結果的に胃潰瘍や喘息などに症状を悪化させてしまう。そういう、自分が緊張しているかいないか、つらいのかつらくないのか、よく分からない状態になってしまった時に、心を可視化するバイオフィードバック療法を受ける意味が出てくるのです」

このようなバイオフィードバック療法が使われるのは、都田医師の所属している心療内科の領域だけではありません。例えば脳梗塞《のうこうそく》の患者さんには、後遺症で歩行の感覚が失われ、本人は足を上げているつもりでもほとんど足が上がらずにつまずいてしまう、ということが起こります。リハビリテーション領域では、そのような患者さんの体にセンサーをつけ、膝やかかとが上がっているかをフィードバックすることで、自然に歩行できるようトレーニングのサポートをしています。また、筋電位を計測すれば力の入り方が分かるので、そこからボールを握る手の力の入り具合を音に変換し、握力が衰えてしまった患者さんのトレーニングをサポートするなど、様々な応用が進んでいます。また、スポーツでも、試合前の精神集中やリラックスなどにバイオフィードバックを応用することで、プレーに最適な心理状態をつくるといったトレーニングがプロスポーツ選手の間では浸透しつつあります。そもそも、野球選手が鏡に映った姿や録画映像を見て投球フォームを直したりするのも、フィードバックの一種です。以前はコーチがそれを見て「フォームに力が入り過ぎてるぞ！」と診断していたわけですが、テクノロジーの進歩で計測機器が小型化すると、力が入っているのかいないのか、機械が全て教えてくれる日もそう遠くはないでしょう。

隠れ肥満の次は、隠れストレス!?

第1章で見てきたように、バイオフィードバック療法を支えている皮膚温や脈波、筋電位などを計測する様々なセンサーは、ウェアラブル端末などの形でどんどんと小型化、低価格化し、私たちの生活に浸透してきています。

これまでにも、他の医療機器で同様のことが起こってきました。例えば、体組成計です。かねてから、体重計は一般の家庭に普及していましたが、体重だけでなく、体脂肪率や筋肉量なども測ろうとすると、病院に行かなければ測ることはできませんでした。しかし、体組成計の小型化、低価格化が進むと、フィットネスクラブや家庭でも手軽に毎日、それらの数値が測れるようになりました。その結果、体重はそれほど重くなく、一見痩せているように見えるけれど、実は体脂肪率が高い、「隠れ肥満」という概念が生まれ、みんなが注意するようになりました。同じように、ストレスを可視化する機器が普及していくと、一見、元気なようでいて、実は過度な緊張状態を継続してしまっている「隠れストレス」という状態の認識が広がり、対策を打つことが出来るようになります。このこと自体は、ストレスフルな社会の中で精神の健康を維持するために、とても良いことです。

「今は病院に来てもらった時にしか計測はできていませんが、24時間ずっと計測機器をつけていることができれば、ストレス状態がどの程度続いているか、先月と今月を比べてみてどのくらいストレスがたまっているかまで分かるので、過度なストレス状態の予防に大いに役立つ可能性があると思います。ずっとデータを計測できれば、一時的に発生するノイズもカットしやすくなるので、バイオフィードバックとしてもまさに有用です」。都田医師もそう可能性を語ってくれました。

血圧計に圧をかけられる人々

一方で、都田医師はある懸念も感じています。

「昔は病院に行かないと血圧が測れなかったので、みんな病院で血圧を測って、医師に〝ちょっと塩分を控えなさい!〟と診察を受けていました。ですが、今は家庭で手軽に使える血圧計が普及しています。いつでも手軽に自分の血圧を確認できるようになったことが、ほとんどの人の健康にとって良い影響を与えていることは間違いありません。ただ、血圧が何かの拍子にいきなり上がることはよくあることなんですが、それだけで凄く心配になってしまう人も中にはいます。それでまたすぐに血圧を測ると、心理的なプレッシャーがあるものだから血圧がさらに上がっていて、また焦る。それで、ついには救急車を呼んでしまうような人もいるんです」

体が発する様々なデータを計測し、認識することは、自分自身を客観的に見つめることにつながります。「自分は自分のことをきちんと把握できている」というある種の自信、自己効力感を持てることが、バイオフィードバックの何よりのメリットだと都田医師は考えています。

でも、リアルタイムで計測された自分のデータに依存し過ぎ、とらわれ過ぎてしまったとしたら？　大量の情報を処理できなくなってしまったり、あるいは間違った捉え方をしてしまったりすると、本人は良かれと思ってやっていたことが、逆効果になることがあり得るのです。過度なバイオフィードバックで、ストレスを逆にため込んでしまうようなことがないように、新しいリテラシーが求められる時代がやって来ようとしています。

バイオフィードバックと坐禅の共通点

バイオフィードバック療法は、技術の進歩によって近年大きな発展を遂げようとしている医療領域ですが、自分の心を深く見つめようとする試み自体は古来からずっと行われています。実は、禅の基本的な修行法である坐禅の中には、バイオフィードバック療法にとても似通った要素がたくさん含まれているのです。

例えば、坐禅を行う際の基本的な心構えとして、「調身、調息、調心」という考え方があります。心という捉えどころのないものを調えるために、まずは姿勢を調える。姿勢を調えた上で、呼吸を深く長く一定に調える。そして、呼吸が調ってくると、自然と心も落ち着いて、穏やかに調ってくるという考え方です。

バイオフィードバック療法でも、呼吸は心理状態を測るための一つの指標になっていましたが、呼吸は脈拍などとは違い意識してコントロールすることができ、なおかつ心理状態に大きな影響を及ぼすものであるため、坐禅の中でも非常に重要視されているのです。

「坐禅には数《す》息観《そくかん》という初歩的な呼吸法があります」。そう私に教えてくれたのは、東京都の谷《や》中《なか》にある臨済宗《りんざいしゅう》全生庵《ぜんしょうあん》の平井《ひらい》正修《しょうしゅう》住職です。数息観とは、鼻から息を吐くごとに、一つ、二つ、と心の中で数を数えていく呼吸法です。1から10まで数えたら、また1に戻り、それを繰り返していきます。「ふつう、人は1分間に15〜16回の呼吸をしています。坐禅をしていると、それが10回くらいになり、さらに少なくなると5〜6回になっていくのです」と平井住職は語ります。バイオフィードバック療法では筋電位から緊張状態を滝を流れる水に可視化していましたが、坐禅では呼吸をカウントすることによって、心理状態を安定させていくのです。数息観では単純に呼吸をカウントするだけでなく、雑念を交えず、雑念が入ってしまった場合は途中まで数えていてもまた1に戻る、というルールがあります。全生庵では一般の方が自由に参加できる坐禅会が開かれているので、私も実際にお伺いして坐禅を体験してきたのですが、実際にやってみると、ただ集中して呼吸をカウントするだけなのになぜかとても難しく、どうしても、「足がしびれていてぇなー」というようなことを考えてしまいます。

「慣れてくると、坐禅していないときでも自分の呼吸を意識できるようになりますよ。呼吸というのは心と連動しているので、心理状態に何かしらの変動があれば必ず呼吸も変動していきます。自分の心の動きを客観的に捉え、感情によって様々に振れてもすぐに平常心に戻るためには、呼吸を感じることはとても大事なんです」。そう平井住職はやさしく語ってくださいましたが、私がその境地に達するには相当な修行が必要そうです。

和尚《おしょう》さんのバンジージャンプ

私が平井住職のことを知ったのは、あるテレビ番組にご住職が出演されたことがきっかけです。そのテレビ番組の中で、平井住職は脈拍計や脳波計など様々な計測器具をつけ、橋の上から川底めがけてバンジージャンプで飛び降りていました。同じようにバンジージャンプをした番組スタッフと比較して、どれだけ脈拍や脳波に違いが出るかを調べようというのです（どんなデータが出るか分からず、一般人よりビビっていた、と言われてしまうかもしれない企画です。それなのに快く出演依頼を引き受けた平井住職はその時点で、だいぶチャレンジャーだと思います）。

データ計測の結果、両者ともに恐怖を感じていたものの、平井住職のほうが脈拍が非常に安定していたことが分かったそうなのですが、その時の記憶として平井住職ご本人の印象に残っているのはバンジーを飛び終わった後の番組スタッフの方との会話だそうです。番組スタッフの方はバンジーを飛び終えた後に、恐怖から開放された安堵《あんど》からか足の震えが止まらず、しばらく歩けなくなってしまいました。岩にぶつかったり、ゴムが切れて川に落ちたりしたらどうなっていたか、というようなことをずっと考えていたそうです。

「そりゃ自分も飛び降りた時は怖かったけれど、岩にぶつかるとか、ゴムが切れるとか、そういう自分にはどうしようもないことを不安には思いませんでした。自分の力の及ばないことを考えてもしょうがないし、自分のできる範囲のことは努力しなくちゃいけないが、そこから先のことについては自分にはどうしようもないですから」。そう平井住職は当時のことを淡々と語ってくれました。

捨ててしまえ、もしくは抱えていけ

平井住職がそのような考えを持たれている背景には、放下着《ほうげじゃく》という禅語が影響しているように思えます。「坐禅とは捨てる作業なのです」。平井住職はそうおっしゃいます。

「坐禅とは特別な能力や何かを手に入れるためのものではありません。逆に、色々なしがらみや不安や余計なものをどんどん捨てていくものなんです。放下着は、何もかも捨てる、という意味の禅語ですが、解決策がない問題への不安は、捨ててしまうのが一番です」

でも、現実にはそれはとても難しいことです。例えば、遺伝子検査で予想外の病気リスクが高いと出たとしたら。可能性の問題ですから将来発症するかどうかは分からないにし

ても、その不安を完全に捨て去ることは容易ではありません。

「私たちは子供の頃から、学校のテストで問題を解くということをずっと繰り返しています。問題には必ず正解や解決策があると思い込んでいるところがありますよね。だから、遺伝子検査で病気のリスクが投げかけられると、どうしてもそれを解決したくなってしまいます」

でも、全ての病気が現代の医療で解決できるわけではありません。アルツハイマー病のように老後になってから発症するような病気もありますし、私も円形脱毛症にいつなるか分かったものではありません。

「不安を解決できないことが、さらに不安を増幅させてしまいますよね。でも、遺伝子上の病気リスクは根本的には解消できないわけだし、そういう時は、もう不安と共に生きればいいんですよ。放下着には続きがあって、何もかも全て捨てようとしても、現実には捨てきれないものもある。そんなに大事なものなら、抱えて生きていきなさい、という教えがあるんです。解決しないまま抱えていけばいいんですよ。これからの時代、自分の情報がどんどんと分析されて、未来の様々なリスクまで分かるようになるとしたら、必要になっていくのはそういう不安と一緒に生きるためのトレーニングなのかもしれませんね」

本当の自分なんて、どこにもない

平井住職ご自身も、静岡県にあるお寺の修行道場で禅宗の厳しい修行を10年以上続けていらっしゃいました。その間、坐禅や公案（禅問答）を繰り返しながら、ご自身も内面を深く見つめてこられたそうです。

「公案というのは、普通に考えても答えが出ないような問いばかりなんです。例えば、隻《せき》手《しゅ》の音声《おんじょう》という公案は、〃両手を打ちつけると音が出る。ならば、片手の音はどうか、聞いてこい〃というわけの分からない問題です。そんなこと頭で考えても分かるわけがないんですが、何か答えを見つけなくてはいけないので必死に考えます。考えてもどうしようもない、答えのない問題を、自分の内面に向かって問い続けるのです」

そのような修行は、時として自分の内面を見つめ過ぎてしまう危険もはらんでいるようです。

「非常にまじめな人の場合、自分の内側に向かって深く潜り過ぎて自己崩壊してしまう人も中にはいます。人間は他者と向き合うことには慣れていますが、自分に向き合うことにはあまり慣れていません。俺ってこういう人間、というのが強すぎる人ほど、かえってその自分像に束縛されてしまったりもするんです」

では、平井住職は10年にもわたる修行の中で、本当の自分を見つけられたのでしょうか。

「誰しも、自分ってこういう人間だ、という自分像は持っています。でも、公案や坐禅をしながら自分の内側を追い込んでいくと、そもそも確固とした自分なんて何もないんだ、ということが分かってくるのです。ある意味、〝自分の内面には何もない〟ということに気づくために、内面を掘り下げているようなものなんです」

「例えば、笑ったことがない、怒ったことがない、という人はいないでしょ。なんで感情がころころ変わるのかといえば、自分の中に何もないからなんですよ。それに、自分が思っている自分のイメージと友達が思っている自分のイメージは全然違ったりもしますよね。自分が見ている自分というのは表面上の一部分でしかないですし、深く潜っていくと、そこには特に確固としたものは何もないことも分かってくるんです」

動的平衡な自分

生物学者の福岡伸一《ふくおかしんいち》さんは、生命の定義として、「動的平衡」という概念を提唱されています。生命とは無機物のような状態が〝固定〟されたものではなく、時間の経過と共に構成物質を入れ替えながら平衡状態を維持する〝流れ〟そのものなのだ、という考え方です。平井住職が長年の修行の中で見出した自分の内面というのは、この動的平衡という考え方に似ているのかもしれません。自分は固定されたものではなく、時間の経過や環境、状況の変化によって、刻々と内包するものを変えていく流れのようなもの、そう捉えることもできそうです。

これまで、私たちの自分との向き合い方は、〝自分探し〟にしても、〝セルフブランディング〟にしても、自分を固定された存在として捉え、それを自己分析的に見つけようとしたり、あるいは理想像に向けて形作っていくというものでした。ですが、日々変化する自分のバイタルデータやライフログが可視化されてくると、平井住職ほどの境地ではないにせよ、「固定された自分なんて存在せず、常に変化していくものなんだ」という自分観が強まっていく可能性があります。これは、実際にバイタルデータやライフログを取り続けている私自身の感覚でもあります。流動的な自分を客観的に見つめ、その変化を楽しむような自分観、自分との向き合い方が拡がっていくのではないでしょうか。自分の特性や特徴は遺伝子レベルで初期ステータスが提示され、人々はそれを抱えながら、自分の日々の変化と向き合っていく、そんな未来が想像されます。

山伏《やまぶし》コンセントレーション

心の内面や精神の安定について、その道のプロに話を聞いてきましたが、最後に自分の感覚や集中力を高めるプロの話を聞いてみましょう。皆さんは山伏という人々のことをご存じでしょうか？　山伏とは、山中で修行を行う修験道の行者のことです。彼らは何日間も山に籠《こ》もり、断食《だんじき》や滝行、床堅《とこがため》（坐禅）などの様々な修行を行います。

山伏の修行は擬死再生、つまり生まれ変わりの儀礼でもあります。山伏として修行をされる皆さんは、自分の葬式をあげてから、金剛界、胎蔵界と呼ばれる修行場の山に入ります。つまり、山を母親の胎内とみて、一度死んでその中に戻り、様々な修行を経て、新しい自分となって生まれ変わる、それが修験道の考え方です。

「私が修行を行うのは大峰《おおみね》山や葛城《かつらぎ》山です。修行ですので、ハイキングのような山歩きではなく、常に死と隣り合わせの危険な行場がずっと続きます」。そう語ってくれたのは、関東を代表する修験道の寺院、秋葉《あきば》山量覚院《りょうがくいん》の山本俱徳《やまもとぐどく》住職です。

「山伏の修行は擬死再生の儀礼で、山中で行われる厳しい修行は死後の地獄を巡りながらの臨死体験と捉えられています。その中で自分の中に眠る、人間本来のポテンシャルを引き出していくのです」

具体的には、どのようなポテンシャルが引き出されるのでしょうか。

「例えば、山の中にずっといると、視力や聴力が非常に上がっていく感覚があります。行場が危険なだけでなく、クマやイノシシなどの危険な野生動物にも注意を払わなくてはいけません。修行中はずっと集中状態にあるので、凄く小さな音まで聞こえたり、遠くのものが見えたり、五感がとても鋭敏になります。第六感みたいなものまで研ぎ澄まされてくる感覚が生まれるんです」

修行中はあまりに感覚が研ぎ澄まされるので、街に戻ってくるとバターの中にわずかに含まれる塩分が塩っからく感じたり、めまぐるしく変わる車窓の景色で普段はまったく乗り物酔いしない人が気分が悪くなったりしてしまうこともあるそうです。

「私が個人的に大事にしている行は、満月に向かって行う床堅です。坐禅中にイメージしているのはエネルギーの循環です。月と自分との間でエネルギーが循環していき、それがどんどんと高速になっていく様子をイメージするんです。そうすると、肌寒い夜の山中で坐禅をしているのに、大量の汗が出てくるんです。集中が間違った方向に向かうとトランス状態を招くので、初心者にはさせられない修行ですが、月と向き合って行う強い精神集中が、カラダにも影響を与えているんだと思います」

火の舞がもたらす極限の集中

山本住職が特に高いレベルに集中力を高めるのが、量覚院で毎年12月6日に行われる火《ひ》防祭《ぶせまつり》です。この祭りには日本各地から山伏が集まり、火渡りの儀式が行われるのです。暗闇に赤々と燃えている火の上を呪文を唱えながら、山伏たちが裸足《はだし》で渡っていきます。

「火渡りについては、熱くないんですか？　とよく人から聞かれるんですが、正直に言うと熱いのか熱くないのかよく分からないんです。火渡りをしている時の記憶はあまりなくて、火を渡った後もしばらくは、ぼーっとしていてよく分からない。でも、後で自分が火渡りしている動画を見ると熱そうでドキドキするんですよね。そういう精神状態で歩いたらやけどするのかもしれません。儀式に対する極度の集中力が、熱いという感覚をなくさせているのかもしれませんね」

火渡りの儀式に向けてそこまで集中力を高めるために、山本住職はどのようなことをしているのでしょうか。

「11月1日から野菜しか食べない生活に入ります。身も心もきれいにして祭りに備えていきます。火渡りの直前に集中力を一気に高めていくのですが、そこは日々の修行からのコントロールです」

その中でも、特に集中力を高めるコツはあるのでしょうか。

「火渡りする前に、私が火生《かしょう》の舞《まい》という火の舞を踊るんです。松明《たいまつ》を両手に持ち、梵字を描く激しい舞なのですが、この舞を踊ることが私にとっては集中力を高めることに役立っているようです。以前、3年間ほどこの舞を他の人に任せていた時期があったのですが、その時は火渡りまで集中力を高めていくのにだいぶ時間がかかったのを覚えています」

山本住職は読経や坐禅、火の舞など様々な儀式や修行を通じて集中力を高めていました。

「そういう時の感覚なのですが、例えばお堂の中で大勢でマントラを唱えているとすごい大音量なものの、集中すると周りの音が聞こえなくなり、自分一人しかいないような感覚になることがあるんです」
と山本住職は語ります。

集中力が極限まで高まった時の特別な感覚については、スポーツの分野でも「ゾーン体験」が知られています。有名な「ボールが止まって見えた」という言葉がありますが、そのように体感する時間がスローになったり、疲労を感じにくくなったり、プレーしている自分を客観的に見ているもうひとりの自分がいる、など様々な表現のされ方が体験者からなされています。

ゾーン体験は起こそうと思って努力しても、なかなか難しいもののようです。ただ、バイタルデータの計測がより進化すれば、脳波の動きから「集中の度合い」をリアルタイムで計測することは十分、可能になっていくはずです。自分がスポーツの試合中や勉強中に、どれだけ集中できていたのか、というデータが明らかになれば、集中力を高めるためのトレーニングや音楽などのコンテンツ、商品が人気になっていくでしょう。

また、その中でも極限の集中状態を作り出すために、これまで山伏など一部の限られた人のためのものだった修行法が、ある種のトレーニングとして一般的なものになっていくことも考えられそうです。

第5章

突きつけられる問い、迫られる選択

ここまで、マイビッグデータ時代の到来と、そこに生まれるMe to Me（自己対話）のコミュニケーションについて、自己対話のプロの手法も含めてご紹介してきました。一方で、そもそも私たちは、自分のことをどれだけ深く知りたいと思っているのでしょうか。また、そこに懸念はないのでしょうか。

この章では、博報堂生活総合研究所で実施した「自分情報に関する意識調査」の結果を紐解きながら、マイビッグデータ時代を迎える私たちに突きつけられる問いや、迫られる選択について考えていきたいと思います。

この調査は、首都圏・名古屋《なごや》圏・阪神《はんしん》圏の各地域に住んでいる方それぞれ500名ずつ、合計1500名の方を対象にした意識調査です。幅広い年代の方の意識を見るために、各地域の人口構成に従って20歳から69歳の男女から回答を頂きました（インターネット上で、2015年5月に実施）。

そもそも、私たちは自分のことを知りたいのか？

まず、そもそも私たちは自分の情報をどの程度知りたいのでしょうか。

「今後の技術進歩により、あなた自身に関する様々な事柄が分かっていくとしましょう。

そのような時代の流れを全体的に考えた時、あなたは自分自身の情報を知ることに興味を感じますか？　それとも、不安を感じますか？」

マイビッグデータ時代に明らかになる様々な自分自身の情報について幾つかの例を紹介した後で、こんな質問を1500名に投げかけてみました。その結果は以下のグラフの通りです。

今回の調査対象者1500人のうち合計73・2％の人が自分自身の情報を知ることに「興味を感じ、積極的に知っていきたい」と回答しました。20代だけで見てみると、その率は82・3％と8割を超えています。「不安を感じ、できれば知らずにおきたい」という人は全体で26・8％、20代では17・7％しかいませんでした。

単純に結果だけを見ると、みんな凄く自分のことを知りたいんだなぁという感じがしますが、一般的な市場調査の傾向として、新しい情報や商品を提示されると、人はそれほど

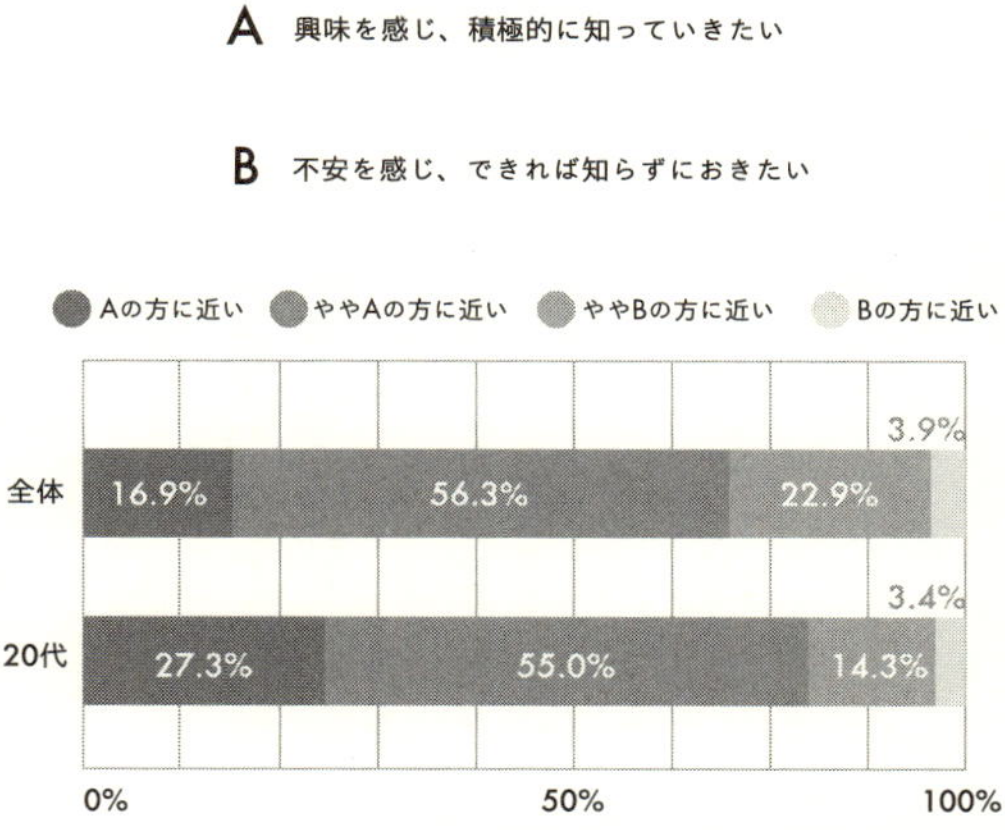

博報堂生活総合研究所「自分情報に関する意識調査」

グラフ9　自分情報の爆発に興味を感じるか、不安を感じるか

強い興味がなくても、「知りたい、買いたい」と回答する傾向があるため、そこは割り引いて考えるべきです。マイビッグデータ時代に現れる自分の情報に、現時点で確実に興味がありそうなのは、「Aに近い」と回答した16・9％（20代だと27・3％）の人々と捉えておきましょう。

むしろ、このような質問では、ネガティブな人の意見の方が参考になることも多くあります。全体では26・8％、4人に1人の人が、マイビッグデータ時代に現れる情報に対して「不安を感じ、できれば知らずにおきたい」と回答しています。彼らが、技術的には明らかになりつつある自分の情報を「知りたくない！」と感じたのはなぜでしょう？　マイビッグデータ反対派から寄せられた、具体的な意見を見ていきましょう。

ココロとカラダ、どちらの自分を優先するのか？

反対派の意見としてまず挙がってくるのは、データによって自分を知る、ということへの根本的な拒否感です。

「科学的に自分の情報を知るより、自分で感じたままに生きたい」（23歳・男性）

「知ってしまうとこれからの人生がつまらないものになると思う」（29歳・男性）

「自分のことは自分が一番分かっているんだから、余計な情報はいらない！」というスタンスです。背景には、自分の知らない自分の情報をデータで突き付けられることで、感性や意思が揺らいだり、失ってしまいそうという不安が見え隠れしています。

これに対して、賛成派からはこんな意見が出ています。

「〝自分の事は自分が一番分かっている〟とよく聞きますが、客観的に見てもらったり調べてもらえる方法があれば、知らなかった自分を知る機会にもなると思うので興味があります。調べてもらった結果がすべて正しいと捉えるのではなく、参考にしたいです」(37歳・女性)

マイビッグデータ時代の新しい自分は、意識とは無関係にカラダが発しているデータを基にして立ち現れてきます。私たちは、「体と相談する」「体が喜んでいる」「体が言うことを聞かない」「体が悲鳴を上げる」などのように、自分のカラダをコミュニケーションの相手として捉えた表現をすることがよくあります。自分のココロに相対する存在として自分のカラダを捉え、声を聞こう、対話していこうという考え方は昔からある訳ですが、マイビッグデータ時代はウェアラブル端末などを通じて、カラダの声が拡大して聞こえてくる時代だと言うこともできます。

ここでのカラダの声とは、何も体調などに限ったことではありません。脈波から緊張度や興奮度が解析されるようになると、自分が気づいていなかった深層心理も明かされていきます。自分が実はすごく緊張しいであることとか、自分が実はすごくエッチなものに興味があるとか、見たくもない自分が見えてくることも考えられるでしょう。一方で、メンツや建前、常識を気にするあまり無理をしていたことに対して、自分の本当の気持ちに気づくきっかけになるかもしれません。

いずれにしても、マイビッグデータ時代の私たちは、ココロ（意識的な自分）とカラダ（無意識的な自分）という二人の自分を抱えることになります。ココロとは無関係に、ウェアラブル端末や遺伝子検査などを通じて勝手に声を上げるカラダというもうひとりの自分とどのように付き合っていくのかは、やはりマイビッグデータ時代の一つの大きな問いになりそうです。

前章で自己対話のプロの話をご紹介しましたが、声を上げるカラダとうまく対話していくことは不可能ではないはずです。カラダの声を聞くことで、よりよい決断や行動ができるようになるかもしれません。

「正しい自分自身の情報を手に入れることで、正しい選択をする確率が高まったり、人生をより豊かにする確率が増えると思う」（27歳・男性）

という意見も賛成派からは聞こえてきます。ココロとカラダ、意識的な自分と無意識的な自分の意見が合うときはそれで何の問題もありません。でも、ココロとカラダの意見が食い違ったとしたら？　私たちは、どちらを優先すべきなのでしょうか。

「自制する、自分で判断する精神力があるから大丈夫」（35歳・男性）

という意見がある一方で、

「自分の意思を失いそうで不安」（24歳・男性）

「特に気にならないと思っていたことで、実はストレスを感じているとわかったら、余計にストレスを感じたりしそう」（24歳・女性）

という意見も反対派からは挙がっています。

今まで分からなかったカラダの声を計測することで、新しい心配事は必ず出てきます。血圧計の普及で家庭でも血圧を測れるようになると、ちょっと数値が高かっただけで必要以上に不安になってしまう人が出てくる、という、前章で登場した都田医師の話と一緒です。そこまでいかなくても、ずっとカラダの声を聞いていると、そのこと自体に疲れてしまうことはあるでしょう。SNS疲れと同じように、もうひとりの自分であるカラダの声に振り回されて疲れてしまう、「マイビッグデータ疲れ」というような現象が起こってくるかもしれません。

この問いに正解などありません。疲れるくらいならカラダの声なんて一切聞かなきゃいいじゃないか、というのもちょっと極端すぎる意見ですし、その一方で、いくら脈波の変動が「過度のストレス」状態を示していたとしても、絶対に会社に行かなくちゃいけない日は当然あるわけで、そんな時にいちいちカラダの声を気にしているのもナンセンスです。現在、既に様々なバイタルデータを計測する生活を送っている私個人としては、基本的には自分の意思が重要で、必要な時は意図的にカラダの声を無視するようバランスを取ることはできるんじゃないかと考えています。

もっとも、カラダの声はテクノロジーの進歩によって、どんどんと大きく、強力になっていくでしょう。「会っていて本当にドーパミンが出ているのはこちらの人なのに、好きでもないこの人とまだ付き合っているのかい?」「凄いストレスが溜まるばっかりだけれど、まだこの会社にしがみつき続けるのかい?」。そんなえげつない問いをカラダが投げかけてくることもあるかもしれません。

カラダの声を素直に聞き入れた方が良いこともたくさんあるでしょうが、無条件にカラダの声に従い続ければ、〝堪える〟ということが究極に苦手な人間が出来上がってしまいそうです。辛抱しなくちゃいけない時は日々の仕事や生活の中で絶対にありますし、その苦労を乗り越えると状況が改善したり、楽しみを見出す余裕が生まれることも多い。無意識なカラダの声は、行動の結果や成果を保証してくれるわけではないのです。カラダの声を聞くことができる時代とは、それを受け入れるか、一旦無視するか、冷静に判断する強いココロが求められる時代でもあるのです。

不都合な真実に耐えられるのか?

マイビッグデータ反対派からは、そもそも努力しても何ともできないような、不都合な真実が分かってしまうことへの不安の声も上がってきました。

「知らぬが仏。知ったところで、対処方法や解決方法が分からなければ、または分かったところで実践できなければ、知る意味があるとは言えない」(**37歳・女性**)

「心配症なので、あれこれ考えて心身ともに疲弊しそう」(**27歳・女性**)

「早いうちに対処すべき事柄を知ることができれば将来のためにもなるので、興味はあります。しかし、すべての事柄がわかってしまうと、不安によって将来の選択肢を減らしかねないと思います」(**29歳・女性**)

人は、問題を知ると解決したくなるものです。でも、遺伝子検査で難病のリスクや、能力的な問題が指摘されたり、あるいは血縁について知られざる真実が明らかになったりした場合には、問題を根本的に解決するのが難しい場合もあるでしょう。私たちは、そんな不都合な真実を知ることを受け入れることができるのでしょうか。そういうことは確かに、「知らぬが仏」なのかもしれません。

一方で、マイビッグデータ賛成派からは、こんな切実な意見も出てきました。

「現在パーキンソン病を発症し、進行を遅らせるためにスポーツジムに毎日トレーニングに通っています。疾患を早く発見し積極的に立ち向かうべきでは。人生は一度です」(67歳・男性)

「親族の中に難病指定の病気で苦しんでいる人がいるので将来に対する不安があります。自分の病気リスクを知る事で何かできる事があるのではと思います」(39歳・女性)

知ること自体が自信につながったり、知ることで迷いが消えるという意見もありました。

「自分自身が分からないことも多く、それによってさらに自信が持てなくなっている。自分について色々なことが分かると、それだけで安心できそう」(30歳・女性)

「客観的な分析結果を知ることによって、吹っ切れることも多い。割り切った考えが出来るようになりそう」(30歳・男性)

「とりあえず知った上で考え、判断したい。知らないでいる、わからないでいることは、逆に不安を感じる」（39歳・男性）

抱えている問題の原因が分からないよりは、少なくとも何が原因なのか認識できるだけでも自信がもてる、という考え方です。

いずれにせよ、解決できない不都合な真実を「知って」しまった人間には、状況を受け入れ、それを抱えながら生きてくことが求められます。「知らぬが仏」で蓋《ふた》をしておくのか、まず知ってから考えようとするのか、どちらの人生の方が幸せなのかはその人の価値観や置かれた状況によるところが大きいでしょう。私自身は、分からないでいるよりは知った上でどうするかを考えられる人間でありたいと思います。それが結果的に幸せなのかどうかは置いておくとして、たとえ脈拍から無駄にプライドが高い自分が透けて見えたり、円形脱毛症のリスクが明らかになったとしても、マイビッグデータ時代の中で自分を「知る」ことを最大限、楽しみたいと思っています。

このことに関連して、もうひとつ別の問いも出てきます。そもそも、テクノロジーがどんどんと普及し、自分の情報がより簡単に手に入るようになる中で、「知らぬが仏」を貫き通すことは果たして可能なのでしょうか。「怖いもの見たさ」という言葉がありますが、分からないこと、知らないことには、それ自体に「覗《のぞ》いてみたい」「あばいてみたい」という気持ちを掻《か》き立てる何かがあります。

「知らない方が幸せだとは思うのだが、隠されているものってやっぱ知りたい。怖いもの見たさ」（22歳・女性）

「不安を感じやすい日本人には良くない時代の流れかもしれないが、知れるようになってしまったなら、知りたいと思う」（41歳・女性）

という意見がその魔力を示しています。

SNSでリア充な友達のキラキラした週末を見てしまうと、部屋に閉じこもっている自分と比較して気分が落ち込むかもしれないのは分かっている。それでも、気になってついついチェックしてしまう。そんな経験がある人も多いのではないでしょうか。

遺伝子検査は価格が手ごろになってきたとはいえ、まだ検査するのに数万円の費用がかかります。ですが、より価格が安価になり、数千円程度、あるいは無料で受けられるようになったとしたらどうでしょう。知らなくてもいい情報、知ったら自分が傷つくかもしれない情報でも、容易に手が届くところにあると分かってしまうと、それに蓋をし続けるのは、かなり難しいでしょう。

ちなみに、50代、60代の方からは、こんな達観した意見も上がってきています。

「自分自身というのは、案外知っているようで、客観的に捉えられていないことが多いように思えます。現在はほぼ毎日瞑想して、自分自身と向き合っております。高齢になると、怖れるものが減って、知りたいことが増えてきました」（61歳・女性）

「以前、心配症な性格を気にしていたところ、それは遺伝子に組み込まれている性格なのだと知って、ああ、それなら私の努力が及ばなくても仕方ない、とスッキリした経験があります。仮に想定外の結果が出たとしても、前向きに受け取れる自信があるため怖くはありません」（54歳・女性）

色々経験を積んだ年代の方の方が、不都合な真実への耐性は強いのかもしれませんね。

どこまで隠し、どこまで見せるか？

マイビッグデータ反対派が不安を感じるもう一つの要素は、情報漏えいです。

「とてもプライベートな情報なので、他人にだけは知られたくない」（32歳・男性）

「その情報を知るのが自分と分析する会社だけだとは思えない」（37歳・女性）

「自分の情報を他者が見ることで、人間関係に変化が起きたり、自分にとって不利益な状況に陥るのが怖い」（48歳・女性）

自分の情報が、私たちの手を離れ独り歩きするリスクは確かに存在します。現在でも、様々な個人情報がクラウド上に蓄積されており、プライバシー問題は現代において避けて通れない問題の一つです。今回の調査でも、プライバシーについてはとても強い管理意識が見られました。自分のプライベートな情報について、「特に必要な場合以外は、できるだけ秘密にしておきたい」という人は69・0%。「特にリスクや不利益がないようなら、知られても気にしない」という人は31・1%という結果が出ました。約7割の人は、具体的なリスクの有無にかかわらず、できる限り自分の情報を表に出したくないと考えているようです。この割合

A 特に必要な場合以外は、自分のプライベートな情報はできるだけ秘密にしておきたい

B 特にリスクや不利益がないようなら、自分のプライベートな情報が知られても気にしない

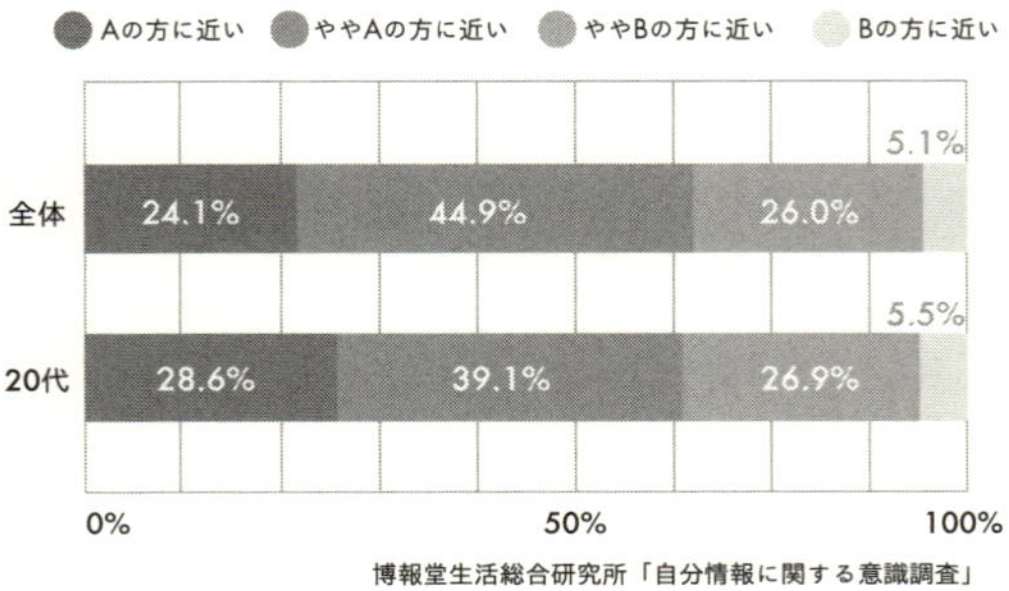

博報堂生活総合研究所「自分情報に関する意識調査」

グラフ10 プライベートな情報を秘密にしたいか、知られても気にしないか

は若い世代、20代だけでみてもそれほど大きくは変わりませんでした。

アメリカのテクノロジー・ジャーナリスト、ロバート・スコーブル氏とシェル・イスラエル氏も、共著書『コンテキストの時代』の中で、ウェアラブル端末によって私たちの生活の全てが記録されることで、プライバシー問題はさらに拡がりを見せるだろうと予測しています。

「各種のウェアラブル・デバイスは着用者がいつ目を覚ましたか、いつ眠ったかという行動まで正確にモニターできる。（中略）何百万という人々が健康のためにフィットビットやナイキ・フューエルバンドといったデバイスを身に着けて、さまざまな身体データを記録している。ただし、プライバシーに大きな影響を与えかねないこうした個人データの所有権が誰にあるのかという微妙な問題には、まだ結論が出ていない。（中略）聞くところによると、消費カロリーを厳密に測定することに取りつかれた一部のユーザーは、セックスの最中もこうしたデバイスを身に着けているという。笑い話のようではあるが、こうしたデータを誰が利用できるのか、誰が所有するのかという問題として考えると、笑ってばかりもいられない。たとえば、ユーザーがある日時にある場所でセックスに励んでいたという情報を離婚裁判の証拠として用いることはできるのだろうか」

一気に話がえげつなくなってしまいましたが、スコーブル氏達はそのような解決すべきプライバシーの問題を差し引いたとしても、ウェアラブル端末などによるバイタルデータの蓄積と解析は、私たちの生活に大きなメリットをもたらすと著書の中で訴えています。実際のところ、私たちはSNS上に（プライバシー制限はかけつつも）自分たちの情報を大量にアップしています。情報を開示するだけのメリットがリスクよりも大きければ、何が何でも個人のプライバシーに関わる情報は出したくない、という頑なな姿勢を取る人は少ないのではないでしょうか。

それに、家族や恋人など、ごく親しい人との間だけであれば、お互いに自分の体調やストレスレベルなどの情報を共有し合うことにそれほど抵抗はないかもしれません。後で詳しく紹介しますが、今回実施した「自分情報に関する意識調査」では、マイビッグデータ時代に明らかになる様々な自分情報について、どれだけその情報を知りたいか、という生活者のニーズの大きさについても調査しています。それに加えて、「配偶者や子供、親、恋人など、親しい人々」に関しても、同様の情報を知りたいかどうかについて回答してもらいました。その結果、「様々な病気の発症リスク」「日常生活の健康度合い」「疲労やストレスの度合い」などについては、親しい人々に関しても、自分自身とほぼ同水準の高い情報ニーズが示されたのです。極めてプライベートな情報なだけに、SNSで全員にオープンにすることはありえないにせよ、親しい人との間に限ったことであればプライバシーに関する心配を超えて、お互いに情報を共有しあうことは考えられそうです。

一方で、そのような情報を共有することで、親しい人との人間関係も少なからず変化していくはずです。疲労やストレスの度合いが共有できていれば、夫婦や家族、恋人の中での新たないたわりが出てくるでしょう。もしかしたら、過度な配慮が逆に本人の負担になったり、「ストレス蓄積度によるとオレ（ワタシ）の方が疲れてるんだから、いたわれ！」というような不毛なアピール合戦が発生したりすることもあるかもしれません。恋人同士の間で、将来の病気リスクが共有されたとしたら、二人の今後の関係を左右する問題が発生する可能性もあります。マイビッグデータを親しい人と共有することは、お互いの絆をより深くすることにも、亀裂を走らせることにもつながります。

そのようなマイビッグデータを使ったコミュニケーションが、具体的にどのような姿になるのかは、第6章の未来予測キーワードで考えていきましょう。

マイビッグデータを手放すことはできるのか？

最後に、ウェアラブル端末をほとんどの人が身につけるようになり、遺伝子検査も今よりずっと利用者が増え、様々な自分情報、マイビッグデータが活用されるようになった時代のことを考えてみましょう。スマートフォンやSNSがコミュニケーションのメインツールになった現在、私たちは家にスマホを忘れると、ものすごく不安にかられます。それと同じことがウェアラブル端末にも起こるのでしょうか。

ウェアラブル端末で計測されたデータが様々な形で解析できるようになると、朝起きたときから生活は一変します。ウェアラブル端末や、それと連動したスマホが、昨日はどのくらい良く眠れたか、自律神経がどのくらい活発かを解析し、今日の調子の良し悪しをすぐに表示してくれます。テクノロジーがさらに進化すれば、今日の化粧の乗りがどのくらい良さそうかも教えてくれるでしょう。ある種、データに基づいて「今日のあなたの運勢」を占ってくれているようなものです。きっと、テレビの毎朝の星占いで運気が悪かった星座にラッキーアイテムを紹介するように、調子が悪いときにはお勧めの朝食やスタミナドリンク、サプリメントなどを紹介してくれるようになるでしょう。

すでに現在でもプロスポーツ選手の間では、ウェアラブル端末などを利用してココロとカラダのコンディションを可視化することで、パフォーマンスを向上させようという動きが拡がってきています。元プロテニスプレーヤーの杉山愛《すぎやまあい》さんのお母さんで、錦織圭《にしこりけい》選手のリハビリトレーナーを務めてもいた杉山芙沙子《ふさこ》コーチは、第1章でご紹介したWINフロンティアのLifescoreやCOCOLOといったサービスを活用して、選手の心理状態の可視化に取り組んでいます。試合中や練習中に選手が興奮状態にある場合、「まだやれる。大丈夫」という自己申告を信じてしまうと、疲労が残ったり、怪我につながる恐れがあるからです。反対に、練習前に選手が過度にリラックス状態にある場合は、敢えてはっぱをかけて気合いを入れ直すこともあるそうです。

バイタルデータを根拠にものを選んだり行動を決めたりする行為が日常生活でも当たり前になると、もうウェアラブル端末を手放すのは困難です。「データを計測してくれるウェアラブル端末がないと落ち着かない、自分が分からなくなる」ということにもなりかねません。

携帯やSNSを私たちが手放せなくなったのは、それらが私たちと他の人とをつなぐ最重要なコミュニケーション・インフラになったからです。それに対してウェアラブル端末は、五感では捉えることのできないカラダの声を私たちに届けることで、いわば私たちの意思決定のインフラになる可能性があります。ウェアラブル端末を使用したことがないと想像もつかない感覚だと思いますが、そういった意味では、ウェアラブル端末はいわば人間のもう一つの感覚器官なのです。ウェアラブル端末が欠かせない生活を送っていたら、いざそれがなくなると、五感の一つを奪われたような感覚を人は味わうことになるのかもしれません。感覚の一つを奪われる、ということになると、これはスマホを家に置き忘れるどころのレベルではない、すさまじい不安でしょう。

そのような状況を懸念してか、

「人生が予定調和でつまらないものになるし、生物としての感度が鈍るのではと、危機感を覚える」（53歳・女性）

といった鋭い意見も調査では挙がってきました。ウェアラブル端末が普及した世の中でも、同じような問題意識を持つ人は少なからず出てくるでしょう。

もっとも、ビジネスマンがスマホ（携帯電話）を持たないことはもはや社会的に許されませんが、ウェアラブル端末の場合、いくらそれが普及した世の中であっても、身につけなかったからといって特に人に迷惑をかけることはなさそうです。その点では、「自分はそういうものはつけない！」と決めれば、姿勢を貫くのは割と簡単でしょう。

ただし、そういう人々に風当たりがまったくないかというと、そういうわけにもいかなそうです。例えば、ほとんどの人がウェアラブル端末でバイタルデータを常時計測することで、今よりも格段に健康維持がしやすくなったとしたらどうでしょう。体調を崩しそうになったら「今日は薬を飲んで早く寝た方がいいですよ」と端末からアドバイスを受けるようになり、風邪を引く人はほとんどいなくなります。そうなってくると、ウェアラブル端末を拒否して不用意に風邪を引き、それで会社を休んだりしようものなら「いまどき風邪を引くなんて!」と言われてかなり恥ずかしい思いをすることになるでしょう。アメリカでは肥満や歯並びの悪さ、虫歯をそのままにしていると、それだけで自己管理に問題がある人間だという評価を受けてしまうそうです。ウェアラブル端末には医療面でも様々な可能性が指摘されています。そのメリットを拒否するのは、そう簡単なことではないかもしれません。

どんな情報が求められているのか?

さて、ここまで「自分情報に関する意識調査」の回答を基にしながら、マイビッグデータ時代に私たちに突きつけられる様々な問いや、迫られる選択について考えてきました。

先に少しふれたように、この調査では、マイビッグデータ時代に明らかになる様々な自分情報について、どれだけその情報を知りたいか、という生活者のニーズの大きさについても調査しています。

第6章の未来予測キーワードに進む前に、具体的にどのような自分情報に関心が寄せられているのか、ざっと見ていきたいと思います。今回の調査では、マイビッグデータ時代に明らかになる自分情報を16種類に分けて提示しています。それぞれの情報について、「とても知りたい」「やや知りたい」「どちらともいえない」「あまり知りたくない」「まったく知りたくない」の5段階で1500名の方に回答をして頂きました。「(とても+やや)知りたい」と回答した人の率で16種類の情報をランキングにしたものが表3です。

まず、16項目のうち上位となった8項目について見ていきましょう。

情報ニーズの1位は「体質(疲れやすさ、回復力など)」でした。「とても」と「やや」を合わせた、「知りたい計」の値は67・8%と7割近い支持率です。同様に、3位の「潜在的な能力レベル」や4位の「様々な病気の発症リスク」など遺伝子検査である程度の予測が可能になっている項目についても、約6割の人が「知りたい」と回答しています。カラダのベーシックな特徴やリスクについては多くの人が知りたいと思っているようです。特にこの三つについては、「とても知りたい」の値も2割を超えています。また、カラダについてだけでなく、「性格や性質（緊張しやすさ、ストレス耐性など）」というココロのベーシックな特徴も6位にランクインしました。
2位にランクしたのは「カラダが求めている睡眠・休息時間」です。5位の「カラダが求めている食べ物・飲み物」や7位の「疲労やストレスの度合い」も同様に高い支持を集めています。今この瞬間のカラダの状態のフィードバックにも関心が集まっているようです。「日常生活の健康度合い」がギリギリ8位

		知りたい計（とても＋やや）	内 とても知りたい
1	体質（疲れやすさ、回復力など）	67.8%	21.3%
2	カラダが求めている睡眠・休息時間	62.2%	19.7%
3	潜在的な能力レベル	61.2%	20.7%
4	様々な病気の発症リスク	61.0%	21.5%
5	カラダが求めている食べ物・飲み物	60.6%	18.7%
6	性格や性質（緊張しやすさ、ストレス耐性など）	59.7%	18.7%
7	疲労やストレスの度合い	58.4%	18.7%
8	日常生活の健康度合い	57.8%	15.3%
9	無意識の癖や行動パターン	56.4%	16.5%
10	無意識な人の好み（実は意識している人、心が落ち着く人など）	48.3%	13.3%
11	無意識なモノの好み（好きな色や形、質感、香りなど）	47.6%	11.9%
12	気分や機嫌の良し悪し	42.7%	10.7%
13	日常生活の幸福度合い	42.7%	10.3%
14	人種や血縁、遠い先祖に関する情報	41.4%	11.5%
15	無意識なコンテンツの好み（好きな音楽、映画など）	40.9%	9.4%
16	日常生活の行動範囲（テリトリー）	31.3%	6.0%

単位：％　出典：博報堂生活総合研究所「自分情報に関する意識調査」

表3　自分情報ニーズランキング

にランクインしましたが、こういう日頃の生活をトータルで分析したときの健康診断的な情報よりは、よりベーシックなココロやカラダの特徴・リスク、もしくは今この瞬間のカラダの状態についての情報についての方が生活者の知りたい欲求は高いようです。ちなみに、若い世代、20代のみでもランキングを出してみましたが、上位に来る項目はほとんど変わりはありません。全体的に支持率は高く出ており、1位の「体質（疲れやすさ、回復力など）」は8割近い支持率となりました。

一方、16項目中で9位以下と比較的支持されなかった項目についても見てみましょう。9位の「無意識の癖や行動パターン」、10位の「無意識な人の好み」など、無意識な行動の特徴や好みは軒並み低い順位となっています。

それに加えて、12位の「気分や機嫌の良し悪し」、13位の「日常生活の幸福度合い」などメンタルの状態、14位の「人種や血縁、遠い先祖に関する情報」や16位の「日常生活の行動範囲」もあまり支持されませんでした。

これら16項目中で下位になったものに共通しているのは、いちいち教えられなくても自分で分かっていたり、指摘されたところでどうすればいいのかイメージしにくかったりする点です。しかし、これらの情報こそ、様々なサービスにとってはあなたに何をリコメンドするか判断するための恰好《かっこう》の情報源です。要するに、下位に来たのは、「知りたい」のではなく、「汲《く》み取って欲しい」自分情報ということなのでしょう。

「人種や血縁、遠い先祖に関する情報」がかなり下位に来たのは、遺伝子検査で遠い親戚とコミュニケーションが取れることに強い衝撃を受け、楽しんでもいる私にとっては少し意外でし

		知りたい計（とても＋やや）	内 とても知りたい
1	様々な病気の発症リスク	56.1%	21.3%
2	日常生活の健康度合い	56.0%	16.1%
3	疲労やストレスの度合い	53.8%	14.8%
4	体質（疲れやすさ、回復力など）	52.6%	13.9%
5	カラダが求めている食べ物・飲み物	52.4%	14.3%
6	カラダが求めている睡眠・休息時間	50.0%	12.7%
7	性格や性質（緊張しやすさ、ストレス耐性など）	49.3%	13.7%
8	気分や機嫌の良し悪し	47.3%	12.9%
9	潜在的な能力レベル	47.2%	13.3%
10	日常生活の幸福度合い	45.0%	12.9%
11	無意識な人の好み（実は意識している人、心が落ち着く人など）	41.9%	11.5%
12	無意識の癖や行動パターン	41.6%	12.1%
13	無意識なモノの好み（好きな色や形、質感、香りなど）	41.0%	10.5%
14	無意識なコンテンツの好み（好きな音楽、映画など）	37.5%	9.0%
15	人種や血縁、遠い先祖に関する情報	32.7%	8.1%
16	日常生活の行動範囲（テリトリー）	32.1%	7.2%

単位：％　出典：博報堂生活総合研究所「自分情報に関する意識調査」

表4　親しい人に関する情報ニーズランキング

たが、あまりにもこれまで馴染みのない情報なだけに、一体どんなものなのかイメージが湧きにくかったのかもしれません。これについては、第6章でどんな価値のある情報なのか、さらに考えていきたいと思います。

また、「配偶者や子供、親、恋人など、親しい人々」についても同様の情報を知りたいかどうか回答してもらいました。そのランキングがこちらです。

自分に関する情報とはだいぶランキングの順位が異なるのがお分かりでしょうか。上位に来ているのは、ほとんどがカラダの健康に関する項目です。自分に関する情報では4位だった「様々な病気の発症リスク」が1位にランクインしました。2位の「日常生活の健康度合い」、3位の「疲労やストレスの度合い」についても、自分に関する情報のランキングでは8位と7位だったので、大幅にランクを上げています。反対に、自分に関する情報では3位にランクしていた「潜在的な能力レベル」は9位とランクダウンしています。

やはり、家族など親しい人について気になるのはその人の潜在的な病気リスクや日々の健康状態や疲れ具合など、「どのようにその人をいたわればいいのか」を知るための情報のようです。これらの項目は、反対に親しい人にも伝えておきたい、気にしておいてもらいたい自分の情報、という感じもします。一方で、「潜在的な能力レベル」は、自分では分かっておきたい情報であっても、あまり他の人とは共有したくない情報なのでしょう。

このような自分情報ニーズのランキングも踏まえると、今後、マイビッグデータが私たちの生活に浸透する際には、どのようなライフスタイルや価値観が出てきたり、どのような商品やサービスが望まれそうでしょうか。第6章では、それらを「未来予測キーワード」として大胆かつ勝手に予測してみたいと思います。

第6章

未来予測キーワード
生まれる新たな価値観・ライフスタイル

第6章では、これまでの取材や調査を踏まえた上で、マイビッグデータ時代に生まれうる新しい価値観やライフスタイル、あるいは新しい商品やサービスについて、大胆かつ勝手に、予測してみたいと思います。

それぞれのキーワードには、マイビッグデータ時代に生まれうる私たちの暮らしをイメージしたショートストーリーをつけました。物語が今から何年後の話で、主人公はどこの誰なのか、それは皆さんのご想像にお任せします。ですが、次の時代の扉はもう既に開かれています。私たちのいつもの日常に、マイビッグデータが組み込まれたとしたら。あなたは、どの物語に共感するでしょうか。

メンタサイズ
～隠れストレスが生むアクティビティ～

体脂肪率・筋肉量は毎朝計測、最低週2はジム通い。そう、私は自他共に認める健康オタク。今日もエアロバイクとウェイトをこなし、トレーニング目標をバッチリ達成した。今週は仕事が立てこんでしまい多少無理したところもあるが、体脂肪率ってやつは放っておくとすぐに上がってしまうのでサボってなどいられない。きちんと運動量を維持するのはなによりも重要。健康こそ、私のアイデンティティなのである。

ロッカールームに引きあげようとすると、顔馴染みのインストラクターが声をかけてきた。

「剛田《ごうだ》さん、メンタサイズって知ってます？　今度うちにもレッスンコースを導入することになったんですけど……」

なんでも、日常のストレスレベルをウェアラブル端末で計測しつつ、それに合わせたエクササイズを行うことでストレスに強いココロ作りを目指す、というコースらしい。なるほどたしかに、ストレスも健康には大敵だ。すぐさま申し込みを済ませると、細いブレスレットのような端末を渡された。こいつが脈拍など様々なバイタルデータを24時間計測して、私のストレスレベルを可視化してくれるそうだ。さらなる健康を獲得できる期待に胸を膨らませながら、まずは1週間そのブレスレットを装着してみた。

「あの、スポーツジムの人間がこんなこと言うのも変ですが……、剛田さん、すこし健康に気を遣い過ぎてるんじゃないでしょうか？」

1週間分のデータからはじき出された私の診断結果を見たインストラクターが、渋い顔をしてこう告げた。一体何を言い出すんだ、と訝《いぶか》しんだが、彼の説明によると、どうやら私のストレスレベルが危険領域すれすれの高さになっているらしい。このまま放っておくと、いつ体調を崩してもおかしくない、と。……なんてことだ。私のように、自分では健康で元気なつもりでいて、実はストレスを慢性的に溜めこんでいる人間も少なくないようで、『隠れストレス症候群』という呼び名まであるという。私を諭すように、彼はこう続けた。

「ほら、剛田さんってどんなに忙しくても必ずジムにいらっしゃいますよね？　とてもいい心がけだとは思うんですけど、最近明らかに疲れた顔をしている時も多かったんで、心配してたんですよ。何事も、考え過ぎや無理は禁物ですよ」

それからというもの、私の生活は随分変わった。ジム通いは続けているが、その半分はエアロバイクやウェイトのトレーニングを一切やめて、代わりにメンタサイズコースでの瞑想を始めたのだ。もともと神経質で心配性な性格ではあったので、仕事にも健康にもまったく気を抜けない生活を送っていたのだなと、いまさら気づけたりもした。最近は家でも寝る前に瞑想するようになったおかげか、体脂肪率が日によって多少増えたりしても以前のように気にならなくなった。職場でも、ちょっとやそっとのことでは腹を立てなくなったような気がする。

今では、ブレスレットから送られてくるストレスレベルをチェックするのが毎日の楽しみになっている。どれどれ、今日の数値は……？　う、少しだけ上昇している……。

「剛田さん……それでまたさらにストレス溜めてたら、世話ないですよ」

インストラクターも、さすがにあきれ顔である。心配性な性格だけは、そう簡単には治らないらしい。

第4章でも触れたように、体組成計の一般への普及によって、私たちは身長・体重に加え、体脂肪率、筋肉量といった新しい指標でも自分の体格を把握できるようになりました。その結果、体重はそれほど重くなく一見痩せているようだけれど、実は体脂肪率が高い、という「隠れ肥満」の概念が生まれ、私たちに広く浸透していきました。

これと同じように、ウェアラブル端末で計測された脈拍や皮膚温、筋電位などのバイタルデータから緊張状態が判別できるようになると、例えば「ストレス度」のような新たな指標で、私たちは自分の心理を把握することができるようになります。

新たな指標は新たな概念をもたらします。体脂肪率の計測が「隠れ肥満」という概念を生んだのと同じように、ストレス度の計測によって、一見元気なようでいて、実は知らず知らずのうちに過度な緊張状態が継続してしまっている、「隠れストレス」という概念が生まれてくるでしょう。

では、そのような新しい指標、新しい概念によって、私たちの生活はどのように変わっていくのでしょうか。体組成計が普及したことによって、体脂肪率・筋肉量といった新たな指標と、「隠れ肥満」という新しい概念が登場しました。その結果、何が起こったでしょう？　まずダイエットやエクササイズを始める新しいきっかけが生まれましたよね。それまでダイエットをしていなかった人も、「自分は太っているようには見えないけど、実は体脂肪率が高いんだ」と分かって運動を始めるようになりました。ダイエット方法も、単純に体重を減らすアプローチではなく、筋肉量を落とさずに体脂肪率を下げるアプローチに変化します。脂肪燃焼に効く有酸素運動とか、内臓脂肪を増やさない食事、というようなトピックに関心が集まるようになりました。最近では、脂肪を落とすだけでなく、脂肪がつきにくい筋肉質で基礎代謝の高いカラダを作るという肉体改造アプローチも、スポーツジムで人気を呼ぶようになっています。

同じことが、「隠れストレス」という新しい概念からも起こってくるとしたらどうでしょう。自分では元気に仕事を頑張っているると思っていたけれど、ストレス度を測ってみたら、気づかないうちにかなり疲労が蓄積していた、という人が大勢出てくるでしょう。そうすると、一日の中で、ちゃんとリラックスできる時間を確保しようという意識が広まっていきます。飲み会でパーッと！　というようなストレス解消法は、気分転換ではあっても、疲労の回復にはあまりつながりません。それよりは、寝る前に1時間ヨガをしたり、坐禅を組んでココロを落ちつかせる、といった習慣を持つ人が増えるでしょう。メンタルのエクササイズ、メンタサイズが浸透していくはずです。

また、そもそもストレスを溜めにくい、耐性の強いココロ作り、カラダ作りも注目を集めるでしょう。例えば禅の精神や修行法に改めて注目が集まり、メンタサイズがジムの一大コンテンツになっていきます。Apple創業者のスティーブ・ジョブズさんが禅の愛好家だったことはよく知られていますが、欧米では禅の精神や修行法を取り入れたエクササイズが既にメソッド化されています。そのようなZENが日本に逆輸入されてくることも考えられます。

アプリの世界でも変化は既に始まっています。第1章で紹介したWINフロンティアがリリースしている「ZEN呼吸法」は、アプリの指示に従って一定のリズムで呼吸を行うアプリです。禅の坐禅法の中に呼吸をカウントしていく数息観という方法がありますが、呼吸を整えることで心の安定を作る、という考え方は共通しています。このアプリが面白いのは、トレーニング前後で心のリラックス度を測定し、呼吸法の効果を確かめられるところです。自分の心の状態を可視化しながら、リラックス度を高めていくという点で、一つのメンタサイズの形と言うことができるでしょう。

アバターペット
~パートナー化する身体~

子供の頃からペットがそばにいた。はじめは、母がわがままを言って飼い始めたトイプードルだった。それだけに母の溺愛《できあい》っぷりは相当で、どこへ行くにも一緒だった。家族での買い物や外食はもちろんのこと、旅行先だってペットOKのホテルがあるかどうかで選んでいたくらいだ。当然、そこまで可愛がっていた子が寿命で天国に旅立ってしまうとひどいペットロスになり、仕方なく新しい子を飼い始めることになり、その子がまた天寿をまっとうし……いまや実家には、3代目になるトイプードルの他にも2匹のワンちゃんが暮らしている。

そんな環境で育った私が大の犬好きに成長するのは自然な話なのだけど、就職を機に実家を離れる段になってひとつの問題に直面することになる。都会のひとり暮らし用ワンルームでは、犬を飼えないのだ。寂しさのあまり、働き始めてしばらくは毎週のように帰省しなければならなかった。

けれど、最近はそんな寂しさも少し落ち着いてきた。半年ほど前から、こちらでもペットを飼い始めたのだ。ただしリアルなペットではなく、スマホの中で飼える「アバターペット」だ。このアバターペットは、特に世話をしてやる必要はない代わりに、私の健康状態が反映される。すなわち、私自身が元気ならそのぶん元気に、そうでなければ弱ってしまうのだ。まさに、スマホの中に住む私の分身である。

アバターペットは飼い主の特徴や体質を反映してその動物の姿が決定されるのだけど、私のペットはなぜかアナグマ。はじめはワンちゃんじゃなくて少しがっかりしたが、見慣れればこいつも愛嬌があってなかなかかわいい。毛並みの色がカフェラテみたいなので、ラテという名前をつけている。

連休明けなど私の気力体力がばっちりな時は、ラテもスマホの中で穴を掘ったり果物をかじったりぐるぐる動き回って元気そうだが、私が多忙で疲れている時には、よくお腹を上にして「だる～い」と寝転んでいる。残業続きであまり睡眠時間が取れなかった先週なんかは「おーい、ちょっとは休んでよ～。ボクまで病気になっちゃうよ～。もっといっぱい寝たいよ～」と一丁前に不平を訴えてきた。休みたいのは私だってやまやまだ。期末の会計処理で仕事が山場なのも知らずに、勝手なこと言って……。まぁ、そこが憎めないところなんだけど。

ラテに言われたから、ではないが、今日は久しぶりに仕事を休んでエステに行ってきた。初めて行くサロンだったが、店から出ると「今日のはこないだのとこよりすっごく良かったよ！　また来よう〜」とラテがはしゃぎながら話しかけてきた。スマホの中を猛烈に走り回っている。たしかに私もすっきりしたし、この子も元気になったのなら、まぁ良しとしよう。

このアプリでは、友人や家族など登録した人のアバターペットとも交流することができる。テナガザルのオサムは友達の志穂《しほ》のアバターペットなのだけど、最近どうも様子がおかしい。いつ覗いても、木に登らずに覇気のない様子で地面のアリをいじっている。オサムは志穂の分身。彼女も何かストレスをためているのかもしれない。後でちょっとメッセージを送ってみよう。この週末はまとまった時間が取れそうだし、女二人で温泉旅行もいいかもしれない。あ、もちろんラテとオサムも連れて、ね。

2007年に映画化されたフィリップ・プルマン作のファンタジー小説、『ライラの冒険』にはダイモンと呼ばれる魂の分身である守護精霊たちが登場します。ダイモンはそれぞれの登場人物の性格や性質を反映して、オコジョやユキヒョウ、サルなど様々な動物の姿をしており、片時もその人のそばを離れることはありません。また、主人の感情に合わせて姿を変えたり、時にはアドバイスや忠告を与える、人々の分身でありパートナーでもあるような存在です。

ウェアラブル端末の進化によって私たちのバイタルデータがより正確に、そして長期間計測できるようになると、現在のカラダの疲労やストレスの度合い、理想的な睡眠時間など様々な情報が明らかになっていきます。さらに、疲労からの回復力などの体質についても、バイタルデータからの推計で分かるようになるでしょう。そのような体質や現在の体調についての情報は、第5章でご紹介した「自分情報に関する意識調査」でもニーズの高かった情報です。

同調査では、「自分のカラダに一言、声をかけるとしたら、どんな言葉をかけるか、反対に、カラダからあなたに一言、声をかけてくるとしたら、どんなことを言ってきそうか」という質問もしています。その回答を見てみると、自分からカラダには「疲れてない？」、「いつもご苦労様」などの気づかいやいたわりが、カラダから自分には「眠いので睡眠を取ってください」「お菓子食べすぎじゃない？」などのツッコミやクレームが目立ちます。

また、自分：「忙しいけどあと1週間耐えて！」　カラダ：「もう若くないんだから無理するなよ！」というように、自分とカラダが会話しているような回答も非常に多く見られました。まさに、カラダと相談している回答です。

バイタルデータは単に蓄積され、分析されるだけでなく、ウェアラブル端末が常時計測することで、自分がとった様々な行動がカラダにどんな影響を与えたのか、その場で把握できるようになります。それは、カラダとリアルタイムで対話することが可能になることを意味しています。今まで、ココロとカラダは密接不可分なものでした。しかし、ウェアラブル端末を通して様々なカラダの声が聞こえてくるようになると、私たちはどんどんカラダを客観的に見るようになるはずです。ココロとカラダが分離していき、ココロは「まだ働かないと！」と言っていても、カラダは「いい加減休ませろ！」と文句を言う、というようなココロとカラダの意見の違いも浮き彫りになるはずです。そんなすれ違いも含めて、これからは自分のカラダを自分に最も近いパートナーとして見る意識が強まっていきそうです。

カラダの声は数値で把握することもできますが、「カラダは自分のパートナー」という考え方にのっとれば、例えばカラダの声を代弁するバーチャルなペットのようなインターフェースの方が、より人々に受け入れられやすいかもしれません。

「自分情報に関する意識調査」では、「誰にならば自分のことを全て包み隠さず共有できますか?」という質問も聞いているのですが、家族や親友などに次いで回答としてあがってきたのは、実は犬や猫などのペットでした。一般社団法人ペットフード協会の推計によると、日本で飼われている犬と猫の数は2014年現在で約2000万頭。近年の傾向として、犬、猫共に室内飼育の比率が上がってきています。仕事帰りに、ペットに今日の出来事を話したり、悩みを打ち明けたりする人もたくさんいそうです。

第3章で触れたような、「ひとり」がデフォルト設定の、自分で自分をメンテナンスしていく時代になったとしても、自分のため、というだけでは毎日に張り合いが出なそうです。可愛い分身、アバターペットのために、しっかり体調を整える、そんな暮らしがあってもいいんじゃないでしょうか。

決断サポーター

～選択の自動化～

私は、決められない女。

たとえばレストラン。すんなりと注文できたためしがない。冊子なんかにメニューがずらりと並んでいるような店だと、それはもうかなりキツい。だから私は、席に着くなりまずは店員を呼びつけて「オススメ」を尋ねるようにしている。己の優柔不断っぷりは十分に理解の上だ。しかし、たまにあるのが「ウチのは全部オススメですヨ！」という返答。ちがう、そういうことじゃない。別に本当のことを教えて欲しいんじゃない。ただ決めるきっかけが欲しいのだ、私は。

そもそも、世の中にはいろんなものがあり過ぎる。料理も、映画も、音楽も、本も。特に困るのが、服。あれもかわいい、こっちもイケてる。少し探せば、気になる服はいくらでも出てくる。そうなるともう、永遠に決まらない。映画や本みたいにクチコミに頼ることもできず、かといって店員の言うとおりに買っていては、お金がいくらあっても足りなくなってしまう。

そんな、迷える子羊な私に強い味方が現れた。「決断サポーター」というアプリだ。気になった服を順番に試着して、自分の姿を鏡で眺める。うーん、どれもかわいい気がする……。そんな時は「決断サポーター」の出番である。アプリを立ち上げると、長い白ひげの占い師〝決めたる先生〟が登場する。決断サポーターには複数のキャラが登録されているのだが、私はこの怪しげな占い師のキャラをよく使っている。決めたる先生は、「しょうがあらへんなぁ、ワタシが決めたるわ！　あんたが気に入ってはるのは……、どうも2番目に試着した服みたいやで！」と、買うべき服を教えてくれるのだ。詳しい仕組みはよく分からないけど、腕につけたウェアラブル端末から脈波や皮膚温の変化を読み取って、その結果から「ココロの動き」を察知しているらしい。それで、私が無意識のうちに「一番気に入った」と感じているものを言い当てることができちゃう、とのこと。

決めたる先生の占い結果は、「ホントにこれが？」と疑問を感じる時もあるけれど、大抵の場合はちゃんと当たっている、ような気がする。なんといっても「無意識のココロの動き」なので、はたしてそれが正解なのかどうか、自分でもよく分からないのだ。信じるか信じないかは自分次第。まさに〝占い〟だ。それでも、いままでひとり頭を抱えて立ち尽くすしかなかったところに、背中を押してくれる存在ができたのはとてもありがたい。最近はもはや服選びだけじゃなく、選択が必要なあらゆる場面で決断サポーターにすっかり頼りっぱなしである。

数年前から、こういうサービスはどんどん増えてきた。ニュースサイトは私が気になりそうな今日のニュースを先に表示してくれるし、イヤホンは私の耳たぶの末梢血管から脈波を読み取ってその時の気分に一番合った音楽をプレイしてくれる。動画配信サービスは、その日に私が見たそうな映画やドラマを国内外・新旧織り交ぜてオススメしてくれる。いまや世界中の膨大な数のコンテンツがWeb上に蓄積されているので、その中から手に取る一つを選ぶのにいちいち時間をかけてはいられないのだ。もし、オススメされた映画を「イマイチだな～」と思って途中でストップしたとしても、システムがそれを察してさらにオススメの精度に磨きをかけてくれちゃうのだ。

もうどんな決断にも迷うことはない！　と安心して生きていけるかと思いきや、私はいま、とても迷っている。そう、来年の春、A社とB社のどちらに入社するべきか……。もちろん、決断サポーターはこんな時にも使えるけれど、さすがにこればっかりは自分の考え、自分の意思でハッキリと決めなくちゃ。そう何度もない、人生の大きな岐路なのだから。

しかし、そう考えると途端に気が重くなる。システムからのオススメが間違っていても文句を言えば済む。自分で決めた決断がもし間違っていたら、それは自分の責任。自分自身で受け止める他ない。うう、どうしよう……。……あれ？　そういえば私、最後に自分で何かを決めたのっていつだっけ……。

スマホに放り込んだ数百曲の中から今聞く曲を選ぶ時、大量のカラーバリエーションの中からこの夏に履くスニーカーを選ぶ時、内定をもらった3社の中から就職する会社を選ぶ時、結婚を申し込まれた時……私たちの生活は、瑣末《さまつ》なことから人生を左右することまで、選択と決断に溢れています。特に現在は、多様化した価値観やライフスタイル、趣味嗜好に合わせるために、商品やコンテンツのバリエーションもどんどんと増えてきています。選択肢が多いこと自体は悪いことではないかもしれませんが、「これが自分に合っている！」と思えるものを探し出すのは結構大変です。選択すること自体を、「面倒くさいなぁ」と思ったことはないでしょうか。

バイタルデータの計測によって可能になるのは、ストレス度の可視化だけではありません。反対に、リラックスの度合いや、心の柔軟性を可視化することもできるのです。例えば、こっちの服を着ている時の方がなんとなく落ち着いている、オープンな気持ちでいられる、という感覚が可視化されていきます。第1章で紹介したWINフロンティアのアプリでは、脈波の計測によってプロスキーヤーのウェアの色をリラックスレベルから決定する、という使い方が示されていましたが、決断をサポートする、直感を可視化する、というバイタルデータの使い方は、選択肢が多い世の中では〝悩む〟という手間を省く意味でとても役に立ちそうです。昔から、「迷ったらコインの裏表で決めよう」とか、「迷ったら鉛筆を転がして決めよう」と言いますが、「迷ったら脈波で決めよう」という時代も遠くはないかもしれません。

もちろん、直感を可視化するといっても脈波だけでココロの動きの全てを可視化することはできないでしょう。「脈波によると、どうもあなたのココロは、こっちに向いているみたいですよ？」というくらいかもしれません。それほど正確ではない、あくまで参考レベルの提案にしても、どちらの服を買うべきか、どちらの会社に就職するか、本当にこの人と結婚していいのか……そんな風に迷っている時は、「やっぱそうかも!」と決断を後押ししてくれるものとしては十分です。むしろ、そんな〝占い〟レベルの曖昧《あいまい》さがあった方が、「脈波によると、あなたは絶対こっちにすべきだ!」なんて言われるよりも、すんなり受け入れることができそうです。ちなみに、占い師に寄せられる相談として最も多いのは、圧倒的に恋愛についての相談だそうです。「付き合うべきか」「別れるべきか」「結婚すべきか」「復縁すべきか」……。恋愛には迷いと決断が付き物です。近い将来、占いアプリに「恋する脈波占い」なんていう新ジャンルが登場するかもしれませんね。

その時その時の決断を助ける杖として、脈波は私たちをサポートしてくれそうです。それだけでなく、その時の気分や心理状態に合わせて様々なものをお勧めしてくれるようにもなるでしょう。例えば、2015年1月には世界最大の音楽ストリーミング配信サービスであるSpotifyがランニング用アプリのRunkeeperと連携を発表しましたが、その他にも音楽サービスとバイタルデータの融合を感じさせるニュースが相次いでいます。また、2015年4月にApple Watchを発売したAppleも、音楽ストリーミング配信サービスである、Apple Musicを2015年7月から開始しました。時間帯や脈拍、活動量などからユーザーの心理状況や置かれた環境を推測し、自動的にその時の気分に合った音楽をセレクトして私たちに聞かせてくれる、そんなサービスが出てくるのも、もうすぐでしょう。

これは食事についても同様です。「ストレスが溜まると、やたらと焼肉を食べたくなる」とよく言いますが、これにはちゃんと理由があるんです。肉類には、幸せホルモンとも言われているセロトニンを作るのに欠かせないトリプトファンやビタミンBが豊富に含まれています。セロトニンにはストレスを和らげてくれる効果があるため、ストレスを感じた時に焼肉を食べることは理にかなっていることなのです（もちろん、食べ過ぎは肥満の素ですが）。私も心拍数の変動からストレスがかかっている時間がどのくらいだったか、日々計測しています。ストレス時間の長い日が続くと、ぼちぼち食べとくか！　と焼肉店に向かったりするのですが、ストレスフルな日々が続くと自動的に「そろそろ焼肉行っとかない？」とアラームを出してくれるような機能があればといつも思っています。「カラダも焼肉を欲しがってるし、今日は食おう！」というような理由付けがあれば、いつも美味《おい》しいカルビがもっと美味しく感じられそうです。

ここで起きるのは「選択の自動化」とでも言うべき現象です。自分が直感的に惹《ひ》かれている選択肢を、バイタルデータを計測した機械が先回りして教えてくれる。「あなたのココロはこう言っていますよ」「あなたのカラダはこう言っていますよ」。そんなアラームがスマホに届いたり、アラームさえなく「今のあなたのココロが求めている音楽をどうぞ」と自動で音楽が流れ出す、そんな未来の入り口に、既に触れられる時代がやってきているのです。

ウェアラブルネイティブ世代
～RPG化する日常～

今年うちのチームに配属された、新人の高田《たかだ》は変わったやつだ。久々にうちの部署に入った新人だし、年の差もあるかもしれないが、それにしても俺たちが新人の頃とはずいぶん違う。これも世代なのかもな。まぁ、俺たちも若い頃は「ゆとり世代」だとか「さとり世代」だとか、ずいぶん色々言われたもんだけど。

この前見たニュースでは、高田たちの世代のことを「ウェアラブルネイティブ」と呼んでいた。中高生の頃からウェアラブル端末がそばにあり、自分の体の一部としてフツーに使いこなしているようなやつらのことだ。そういえば、俺たちも中学の頃からSNSを使っていたので、「ソーシャルネイティブだ」なんて言われたりもしたっけ。どうしてみんな、こうも人にレッテルを貼るのが好きなんだろう。

それにしても、高田は変わっている。手首につけた華奢《きゃしゃ》なブレスレットのようなウェアラブル端末でバイタルデータをチェックし、逐一自分の行動に反映させているのだ。かけているメガネからもなにやらデータを取っているらしい。

高田は、「朝の方が交感神経が活発なんで仕事がはかどるんすよ」と他の社員より2時間も早く出社する。昼飯の後には、「眠気がちょっと高いな〜。15くらい下げとくか」とつぶやきながらお気に入りの缶コーヒーを飲んだりしている（ちなみに、眠気を30下げるにはスタミナドリンクが必要、だそうだ）。そして、夜になる頃には「一日の活動量使い切っちゃったんで、お先に失礼します」と周りが残業している中するりと帰宅していく。

それと、高田は新人のくせにとにかくひとりで仕事を進めたがる。なんでも、他人に合わせたり口出しされたりするとストレスレベルが上がってしまい、かえって業務に支障が出てくるし、効率的なスケジューリングはウェアラブル端末からのデータで分かるので、その通りに動きたい、との言い分である。「生意気言うな！」と叱ろうかともよっぽど思ったが、実際のところ高田の能力は低くない。勤務中にＳＮＳをチェックしたりサボったりすることは一切ないし、いたって真面目な働き者ではある。悩んだ末、報告・連絡・相談だけはきっちり守るように言いつけてから、しばらくひとりでやらせてみることにした。……ううむ、しかしどうにも調子が嚙み合わない。やはり、自分がもう「古い人間」になってしまったということなのだろうか。

その日も高田は、残業する先輩たちを気にする様子もなくさっさと帰ろうとしていた。

「おい、得意先からなる早の対応依頼きてただろお前。大丈夫なのか？」とつっこむも、「ああ、あれは明日の朝やるから問題ないっす。今日はこれ以上やっても効率悪いっぽいんで」と、事も無げにさらりと返す高田。「お前、それで対応遅らせるわけ？」と言いかけたが、まぁ、あまりむやみに怒ってもな……。やることはちゃんとやっているのだ。ならば無理に文句を付けることもない。

「……分かった。おつかれ」とだけ言って、帰すことにした。

しかし、高田も駆け出しの新人であることには変わりなく、いつかミスは犯す。彼が翌日の朝に対応した案件で、納品後に重大な欠陥が発覚したのだ。昨日帰らずに済ませていれば、まだ取り返しもついただろう。それも、俺がチェックすればすぐに気づけたような凡ミスだ。

「ちゃんと相談しながら進めろって、あれほど言っただろうが！」

高田をひとりで動かしていた俺の責任でもあるのだが、それを忘れて柄にもなく少しきつく叱ってしまった。彼もさすがに反省したらしく、いつもの飄《ひょう》々《ひょう》とした態度が一転、うつむきがちにしょんぼりとしている。

「すみません、僕のレベルが足りませんでした……。もっと経験値ためて、ちゃんとひとりでできるようになってみせます！」

いやだから、そういうことじゃないっつーの！　相談しろ、相談を‼

これ以上高田を目の前にしているとあれこれ怒鳴りちらしてしまいそうだったので、頭を冷やしに外に出た。入り組んだ場所にあり、めったに人が来ることがないこのスペースは、疲れた時や腹が立った時にはいつも来る秘密の休憩スポットだ。

やっぱり、ちょっと言い過ぎたか。生意気な言動に忘れかけていたが、あいつもあれで新人だ。後でケアしとかないとな……。缶コーヒーを飲みながらそんなことを考えていると、「あれ、先輩どうしてここに……」と声をかけられた。顔を上げると、そこにはバツの悪そうな顔をした高田が立っている。

話を聞くと、どうやら彼もこの場所を秘密の休憩スポットとして使っているらしい。

「ここでぼーっとしてると、ストレスレベルが20くらい下がるんです」

「お前ほんとに数値依存だな……。まぁでも、なんとなく分かる気もするよ」

俺は呆れながらも、どこかつかみ所のなかったこの高田という男を少しだけ身近に感じられたような気がした。

「どうだ、今日の夜一杯行かないか？　先輩がおごってやるぞ」

「あ、すみません。さっきの一件でかなり精神力削られちゃったので、今日は定時に退社してヨガに行くんです」

「……」

この男と打ち解けられるのは、まだまだ先になりそうである。

革新的なテクノロジーは、常に人のライフスタイルや価値観に影響を及ぼしてきました。2015年現在で20代前半（90〜95年生まれ）の世代は、小さい頃からネットや携帯が当たり前だった世代です。中高生の頃には、mixiやGREE、それにガラケー向けSNSとして人気だった前略プロフィールやCROOZリアルなどを使って友達との交流を楽しんできました。角川《かどかわ》アスキー総合研究所の遠藤諭《えんどうさとし》氏は著書『ソーシャルネイティブの時代』の中で、彼らのことを「ソーシャルメディアが生み出した、新しい日本人、すなわち〝ソーシャルネイティブ世代〟」と規定しています。第2章に出てきた若者たちはまさにこのソーシャルネイティブ世代なわけですが、前述したとおり彼らはSNSを生活の一部として使いこなし、それだけに価値観やライフスタイルの面で非常に強い影響を受けています。SNSではFacebookの「いいね！」に代表されるように、他の人からの評価が如実に可視化されます。そのため、イタいやつだと思われないように空気を読みつつ、きちんと「いいね！」が付くように投稿を吟味する。友人を親しさに応じて階層分けし、それぞれに応じて情報レベルを使い分ける、といったような極めてハイコンテクストなコミュニケーションを行う世代が誕生しました。自分をどこまで露出し、どうイタいと思われないように演出するか、SNSを自分の映し鏡として捉え、他者視点で自分を見つめることに長けた世代、と言うこともできるでしょう。

では、今後ウェアラブル端末などの普及によって自分のバイタルデータを計測・蓄積するのが一般化するとしたら、そのような時代に育つウェアラブルネイティブ世代は、どんな特徴を持つ世代になり得るのでしょうか。仮に現在、10代前半の子供たちが中高生の間にウェアラブル端末が広く普及したとしましょう。ウェアラブル端末の発展と共に育った彼らが20代前半になった頃、つまり、あと10年後には、日常生活はどのように変わっており、彼らウェアラブルネイティブ世代はどんな世代となっているのか予測してみましょう。

まず起こると考えられるのは、日常生活のＲＰＧ（ロール・プレイング・ゲーム）化です。この頃には、自分の現在の脈拍や疲労度、眠気などの様々なバイタルデータがＲＰＧのＨＰ（ヒットポイント）やＭＰ（マジックポイント）のようにリアルタイムで把握できるようなインターフェースが普及しているでしょう。そうなると様々な点で大きな変化が生活に起こります。例えば、行動データの蓄積によって一日の中でパフォーマンスを最大化できる（それ以上やっても効率が落ちる）活動量が可視化されれば、それはＨＰやＭＰとほぼ同じような指標が現実の世界にできる、ということです。仕事中は集中して働くけれど、一日の活動量を使い切るとＭＰを使い果たした勇者御一行よろしく、「これ以上やっても効率良くないんで」と言ってさっさと帰る、約10年後に入社してくる新人はそんな世代かもしれません。空気を読むソーシャルネイティブ世代が自分の仕事が終わっても先輩や周りの同期の空気を読んでなかなか帰ろうとしなかったりするのとは正反対です。

スタミナドリンクやコーヒーなども、ウェアラブルネイティブ世代にとってはRPGに出てくる回復魔法や薬草のようなものでしょう。「やっぱりこのドリンクは効くなぁ、眠気が一気に35下がったよ」というような会話が普通に繰り広げられていそうです。そうなると、商品の選び方も変わってきます。カテゴリーによっては、イメージや機能が基準なのではなく、自分のカラダが実際にどう反応したかを基準に商品を選ぶようになるでしょう。頭やココロが商品を選ぶのではなく、カラダが商品を選ぶ時代がやってくるのです。

ウェアラブルネイティブ世代は、自分のスキルアップや長期的な健康にも非常に気を遣う世代でもあるでしょう。ソーシャルネイティブ世代がSNSを常にチェックしていたのと同じように、彼らの世代は自分のバイタルデータを常にチェックします。そうすると、自分をきちんとメンテナンスし、レベルアップさせることへの意識が非常に強まります。小中学校で近年、熱心に行われている食育の影響もあって、食の安全意識はとても高いでしょうし、疲れにくいカラダ、ストレスをためにくいココロを目指してジムやフィットネスへも足しげく通うでしょう。第二外国語が話せる、楽器が弾ける、絵が描けるなどの特殊スキルの習得にも熱心。ある意味、とても〝修業好き〟な世代になるかもしれません。さらに言えば、日々バイタルデータを見ていると、自分という存在は固定した像がある訳ではなく、常に流動的、可変的であるという価値観が芽生えるでしょう。世界のどこかに本当の自分がいると信じて自分探しの旅に出るようなことはしませんし、SNS上での無理な自己演出をするような世代でもありません。むしろ、可変的な自分を自分で楽しんでいれば満足できる、究極の自己満足世代と言えるかもしれません。自分のカラダを変えるということにもあまり抵抗はなく、頻繁にイメチェンしたり、美容整形などをオープンに利用することにも抵抗がなくなってくるでしょう。

虫の知らせアラーム
～コミュニケーションの自動化～

人の気持ちを察するのが昔から苦手である。

「あなたっておだやかな人ね」と言ってくれていた妻からも、今では「一緒に暮らしてるのに、なんでアタシの気持ちが分からないのよ！」と「鈍感・ＫＹ・無神経」のレッテルを貼られるようになってしまった。

僕はそれほど感情の起伏が激しくないし、そもそも感情を表に出すこともあまりない。よく「今日は機嫌がいい」みたいなセリフを聞くけど、その日によって気分が違うってこと自体、どういうことかよく理解できないのだ。

この前も、妻の前髪の長さが変わったことに気づかなかったばかりに、えらく機嫌を悪くされた。ええ……だって、僕が伸ばしていた髭《ひげ》を剃《そ》ってもまったく気がつかなかったじゃん。それと同じことだと思うのだけど……。しかし僕は言い返さない。そんなことしたところで、結果は火を見るより明らかだ。さすがにそれくらいは予想できる。

しかし、こんな調子じゃ結婚生活に亀裂が走りかねない。何とかしなければ……と危機感を募らせていた時に僕が知ったのが、「虫の知らせアラーム」だった。ウェアラブル端末で僕と妻それぞれのストレスレベルを計測し、それがある水準に達した時にお互いのスマホにアラームを送ってくれるというサービスだ。

早速、妻に提案してみた。「ほんと、機械に頼らなくちゃいけないほど鈍感なのね……」とまた文句を言っていたが、新しいサービスは気になるらしい。「ま、試してみてあげるわ」と協力してくれた。

それから、アラームが鳴った日には流行《はや》りのスイーツやフルーツを買って、できるだけ早く帰るように心がけた。初めは訝しんでいた妻も、「ストレス溜まった時に甘いものが届くのはいいわね」となかなか満足げだ。デリバリーサービスみたいに言われるのは癪《しゃく》だけど、まぁ妻の機嫌が良いに越したことはない。

もちろん、僕のストレスが溜まった時には妻にアラームが届く。この前は、仕事で難しい案件が続いて頭を抱えていたところに「アラームが鳴ったけど大丈夫？　無理しないでね」と、妻がメールを送ってくれた。このサービス、なかなか悪くない。

使い始めてしばらく経つと、アラームが鳴る前には妻の様子にいくつかの変化が現れることに気がつくようになった。例えば前日の夜。妻が残業で帰宅が遅くなったり、食器の洗い方が普段よりガチャガチャと少し雑だったり、風呂に入っている時間がやけに長かったり。そういう日の翌日は、決まって夕方ごろにアラームが鳴る。おそらく、妻はアラームが鳴る前日からストレスを溜め始めている。それが、翌日の夕方ごろまでどんどん蓄積することで、アラームの水準を超えるんだろう。それに気づいてから、妻の仕事の帰りが遅い時には、僕が軽く料理をしたり、食器を洗うようになった。風呂の時間を楽しんでもらえるように、入浴剤も揃え出した。

そう、たしかに妻は、一緒に暮らす中でちゃんと僕に語りかけていた。僕がそれを見ようとしていなかっただけだったんだ。

そういえば、最近このアラームに頼ることもめっきり減っている。そもそも、アラームがまったく鳴らなくなったのだ。

皆さんには、「もっと○○のココロが分かればいいのに……」と思う存在はいるでしょうか？「自分情報に関する意識調査」では、そんな質問も投げかけています。20～60代の全年代で、最も多く回答としてあがってきたのは、やはり「恋人や配偶者」という意見でした。恋人同士、夫婦同士の気持ちのすれ違いはいつの時代にも存在し、悲喜こもごも、多くのドラマが生まれてきました。それだけに人は色々な手段で好きな相手の気持ちを察しよう、知ろうと努力するわけですが、ストレスレベルの可視化はそんな古今東西に共通する一大テーマにも一石を投じる可能性があります。

お互いがバイタルデータを計測し、かつ共有するようになれば、相手の現在の疲労度やココロの状態をデータから推察することが可能になります。そのようなメンタルの状況が共有されれば、「今日は彼氏がかなり疲れていそうだから、後で電話してみよう」とか、「奥さんのストレスが溜まっているみたいだ。何か職場でいやなことがあったのかもしれない。今日はケーキでも買っていこう」というようなことを発想することが可能になります。第1章でご紹介した、気持ちを可視化するアプリ、COCOLOLOには「キモチ証明書」という機能があります。測定した自分の気持ちを、「キモチ証明書」にして他の人に送ることができるのです。このアプリではスマートフォンのカメラに指先を当てることで一回ごとに気持ちの測定を行っていますが、ウェアラブル端末などのデバイスの進歩によって、常時、自分の気持ちの動きを測定し、それを親しい人達と自動的に共有することも可能になってくるはずです。

ＳＮＳが日本で誕生したのは２００４年。それからの10年間でＳＮＳも大きな変化を遂げてきましたが、当初に比べてＳＮＳでの一つ一つの投稿の文字量がどんどん減ってきているとお感じになっている方も多いのではないでしょうか。スマートフォンの普及によって、撮影した画像や動画をその場で投稿することが一般的になり、ＳＮＳでやり取りされる情報はテキストがメインではなく、画像や動画を中心とした非言語情報がメインになってきています。画像共有に特化したInstagram はまさにその典型ですし、チャットアプリのＬＩＮＥでやり取りされるスタンプも非言語なコミュニケーションの一つです。しかし、バイタルデータが随時共有される時代には、コミュニケーションの仕方もさらに変化すると予測できます。そのような時代には、少なくともバイタルデータを共有する親しい間柄の人達の中では、コミュニケーション自体がオート化していくでしょう。自分があえて伝えなくても、相手が勝手に自分の体調に気づいてくれるようになるのです。漫画『ドラえもん』の中に、親しい人に危機が訪れると鳴って知らせてくれる、「虫の知らせアラーム」

というひみつ道具が登場するのですが、バイタルデータを共有するということは、お互いがこのアラームを持ち合っている状態と言うこともできるのです。

これは、何も恋人や配偶者だけに限定される話ではありません。例えば、離れて暮らしている高齢の親御さんとのコミュニケーションについても同じことが言えるのではないでしょうか。ちょっと体調が悪かったり、元気がなかったりしても、なかなか親は子供に素直に頼ることができなかったりします。そんな時に、計測されたバイタルデータから、何か親の体調に問題があると考えられる場合、自動的に子供や親しい人に連絡が入るようなサービスがあっても良さそうです。子供から「大丈夫?」と連絡をしても、「何ともないから気にするな!」で済ませていた頑固オヤジが、「いや、熱もこんなに高いし、心拍数も上がっちゃってるじゃない。大丈夫じゃないでしょ!」と子供から突っ込まれ、しぶしぶ病院に行く、というような光景も見られるかもしれません。

そのような話を聞くと、ちょっと怖いな、とお感じになる方もいらっしゃるかと思います。親しい相手のことをできるだけ知りたいという欲求がある一方で、自分のこととなるとたとえ親しい間柄であっても、秘密にしておきたい部分を人はたくさん持っています。ココロの内側や健康状態はかなりプライバシー度の高い情報です。親しい人限定であったとしても、常にそれらの情報が、全て自動的に共有されることには大きな抵抗があるはずです。どこまでなら見せていいのか、逆にどこからは隠すのか、プライバシーと情報開示のバランス調整はマイビッグデータ時代に共通する大きなトピックになるはずです。

超親戚
～世界に拡がる遺伝子縁～

私の家族は、みんな揃ってひとりっ子だ。私にも父にも母にも、だれにも兄弟がいない。だから、親戚と呼べるのはおじいちゃんとおばあちゃんたちくらいのものだった。そんな祖父母もとうとう亡くなってしまい、いよいよ世界中でほんとに親子3人だけになっちゃったなぁ、とぼんやり寂しさを感じていた。

そんなある日、遺伝子検査のサービスのひとつに「超親戚」発見サービスというものがあると耳にした。なんでも、遺伝子的に自分と関わりのある世界中のまだ見ぬ〝親戚〟を探してくれるらしい。おばあちゃんを亡くしたばかりで感傷的になっていた私は、自然とその検査に申し込んでいた。どんな些細なものでも、だれかとのつながりを求めていたのかもしれない。

期待をはるかに超えて、私の「超親戚」は世界中にたくさん見つかった。表示されたリストには様々な国や年齢の人々が私の親戚としてあげられている。中でも、東欧のある国の名前が目を引いた。多くの「超親戚」がその国に集中していたのだ。正直、私自身はじめて名前を聞くような国だったし、両親もさっぱり心当たりがないという。一体、私と彼らにはどんなつながりがあるのだろうか……。彼らの正体をどうしても知りたくて、リストの中の私と同い年の女性、アンナに勇気を出してメッセージを送ってみた。すると、私の緊張とは裏腹にすぐにフランクな文面のレスが返ってきた。

返信によると、アンナのひいひいおじいちゃんが日本人らしい。その人がきっと私の先祖と血を分けた兄弟なのだろう。もっとも、どういう経緯で彼が日本を出てはるばる東欧にまで行きついたのか、彼女もよくは知らないらしいけれど。そして、なんと彼女はこのサービスでつながった同年代の超親戚たちと、よくオフ会を開いているらしい。「ぜひ遊びに来てほしいわ。あなたの家族より」という一文でメッセージは締めくくられていた。およそ家系図には残っていない、どこでどうつながっているのかも定かではない人たち。血縁と言うにはあまりに薄い縁かもしれない。どんな人なのかもまるで分からない。でも、彼女たちと私は長い歴史のどこかで確かにつながっているのだ。

日本から約14時間。そこは、湖の美しい国だった。私のどこにそんな行動力があったのか、自分でも驚いてしまったが、結局こうして超親戚の彼女に会いに来てしまった。日本とは遠く離れた場所に、はるか昔に移り住んだ自分のご先祖様の兄弟がいて、多くの子孫が暮らしている。そして今、自分もその地に立っている。そう考えると、なんだかすごく不思議な感じがした。

アンナは背が高く笑顔が素敵な女性で、家族とともに私のことを温かく迎え入れてくれた。顔立ちからは日本人っぽさはもうほとんど感じられなかったけれど、私のことや私の家族のこと、そして日本のことをとても熱心に聞きたがった。お互いのことを夜通し語り明かしていたので、私たちが仲を深めるのにそれほど時間はかからなかった。

アンナの家にホームステイをさせてもらって数日後、近くに住む彼女の超親戚を集めたオフ会が開かれた。集まったうち何人かは、私が受けた遺伝子検査でもつながっていた人だ。話を聞くと、彼らは最近自分たちの家系図作りに取り組んでいるらしい。それぞれの家系の情報を調べて、最終的に一つにつながった大きな家系図を作るのが目標だそうだ。私ができる限り調べて持ち寄った家系の情報もとても喜ばれた。

「バラバラになったジグソーパズルのピースを少しずつ、つなぎ合わせているようなものだと思うの」。アンナが笑顔で言った。「自分たちのご先祖様について、この抜けてる家系はどんなだろうねって、あれこれ推理するのはすごくワクワクするわ。実際にお互いの家系がつながったメンバーもいるのよ。何より、こうしてたくさんの〝家族〟で集まって美味しいものを食べたりおしゃべりできるのって、最高だと思わない?」

時の流れの中で失われた縁が、若い世代によってもう一度つなぎ直されようとしている。もはや親族とも言えないような薄いつながり。つなぎ直したところで、それがどんな意味を持つのかは分からない。けれど、自分がこの世界から切り離されている存在ではなく、様々な人とつながっている、縁を受け継いでいる存在であることはしっかりと理解できる。

帰国したら、自分もアンナみたいにオフ会開いてみようかな。おっとその前に、部屋が散らかっているから片付けないと。来週、ハワイから超親戚の女の子が私を訪ねてやってくるのだ。

皆さんは「田《た》中《なか》宏和《ひろかず》運動」という運動体をご存じでしょうか？　あるひとりの「田中宏和」さんが、全国にいる自分と同姓同名の人に会ってみたいとなぜか突然思い立ち、それから20年以上にわたって全国の田中宏和さんをネットワークし続けている運動体です。田中宏和.comというサイトがあるのですが、サイトには現在運動に参加している大量の田中宏和さんの顔写真が並んでおり、かなり壮観です。ご興味のある方は是非ご覧になってください。

偶然、同姓同名ではあるものの、彼らは完全に赤の他人です。それでも、同じ学校を卒業した有名人やスポーツ選手はなんとなく応援したくなる、というように、一つの共通性があると、知り合いではないけれど他人というよりはちょっと近い存在に見えてくる、という感覚自体は多くの方が共感できるのではないでしょうか。

私が23andMeで遺伝子情報を頼りに親戚を探していく過程で感じたのも、同じような感覚です。親戚といっても5代以上前に分かれていると、顔もまったく似ていませんし、どこで血がつながっているかすら分かりません。親戚を超える親戚、超親戚とでも言うべき存在です。

超親戚の彼らは普通に暮らしている分には、完全に他人です。でも、23andMeサイトの世界地図上に彼らが初めて表示された時、私は奇妙な感動を覚えました。日本国内でも北は青森から南は沖縄まで散らばっていますし、アメリカや中国、台湾でも複数の超親戚が見つかりました。それだけでなく遠く離れた東欧のスロベニアにまで、私の超親戚は散らばっていました。一体どういういきさつで私のご先祖さまと血を分けた一族が東欧に渡ったのかは知る由もありませんが、世界地図上でしか見たことがない、自分が行ったこともない国にまで、私と僅かばかりでも血のつながった人々が暮らしているのです。気が付くと、私は今までまったく関心のなかったスロベニアの観光スポットを調べ始めていました。

地縁、学縁、会社縁など、縁には様々なものがありますが、血縁はその中でも最も範囲の狭い縁でした。実際に会ったことのある親戚には限りがありますし、会ったことがなければその人のことを親戚だと知ることもできなかったので、これは当然のことです。

でも、遺伝子検査が普及することで、今まで血縁があると認識できなかった血縁者が大量に発見されるようになります。これまでとても狭い概念だった血縁というもの自体が今よりもずっと広い概念、遺伝子縁に進化していく可能性があるのです。私のような生粋の日本人だと思っていた人間も、実はこれだけ世界中に遺伝子の縁が拡がっていること、国境を越えて自分が世界とつながっていることを認識できるのです。

遺伝子検査を受けている人はまだ少数ですし、23andMeは海外のサービスなので、日本人のユーザーはさらに限られます。でも、同じようなサービスが日本でも始まれば、「この有名人は自分の遠い親戚なんだ」という人もたくさん出てくるでしょう。もちろん、その人との間にすぐ実際のつながりが生まれるわけではないにしても、興味や関心のきっかけを生むには十分です。私のように自分のルーツを探す人や、超親戚に会いに行くために旅に出る人もいるかもしれません。自分の世界観を拡げてくれる触媒として、遺伝子縁が機能し始める日がやって来ようとしています。

ジブン効果音
～マンガ化する日常～

小学生の頃から、勉強する時はだんぜん鉛筆派なあたし。シャーペンなんかとは書き味が違うのはもちろん、なにより断然、音がイイ。あたしは「ジブン効果音」のヘビーユーザーなので、筆記用具の「音」にはかなりうるさいのだ。ジブン効果音は、自分の生活音を強調してフィードバックしてくれるアプリ。ウェアラブル端末や家具と接続されているので、それはもうあらゆる音がマンガの効果音みたいにあたしの日常を彩ってくれる。

あたしの机は、紙の上で鉛筆を走らせる音を増幅してくれる。勉強がノッてくると「サラサラ～」どころか「ザザザザ！」って感じのマッチョなサウンドがワイヤレスイヤホンを通して聞こえてくるのだ。そうなると、ますます頭が冴えてくる。美術部で使っている画板にも、同じ機能を付けている。迷いのない、いい線が引けた時の音は、やはり雑音がなく心地いい。うまく描けている時の音を感覚として摑んでからは、絵そのものの出来もちょっと良くなった気がしている。それからというもの、あたしは自分のあらゆる音を聴くようになった。

美術室がある校舎の隣にはテニスコートが設置されていて、放課後は部員たちがそこでラケットを振っている。絵を描くのに疲れて休憩する時は、窓を開けてなんとなくテニス部の練習を眺めるのがあたしの習慣になっていた。あたし自身バリバリの文化系だけど、実はテニスは嫌いじゃない。ラケットが空気を裂く音、ボールが跳ねる音、靴底がコートに擦れる音……テニスは結構、いろんな「いい音」を出すスポーツなのだ。

テニス部の練習を眺めていると、部員たちが発する音にも微妙な個性が表れていることが分かってきた。「お、いい音」と思って見ると上級生のエース選手だったり、「イマイチ」だと入部したての初心者だったりするのだ。やっぱり音に表れるんだなぁ……と、勝手に納得しながら休憩ごとに日々耳を傾けていたのだけど、その中でひとり、どうにも気になる音を出す部員がいることに気が付いた。

彼の音はいわゆるエース選手の出すいい音とは少し違う。かといって不快な訳でもなく、とにかくなんだか心地いい音なのだ。しばらく注意深く他の部員の音とも聴き比べてみたが、そんな風に感じられるのはやはり彼が発する音だけだった。それからというもの、休憩時間中は彼のことばかりを目と耳で追うようになっていた。そしてここまでくると、自分の恋心を自覚するのはもはや時間の問題だった。ああ、それにしても……うすうす気づいてはいたけど、あたしは重度の音フェチだったのだ……。

「それはもう告白するしかないっしょ！」

彼と同じテニス部に所属している友達の晴美《はるみ》に相談したら、さんざん爆笑された後でそう言われた。ちょっとムカつくけど、笑いたくなる気持ちもよく分かる。あたしも音で人を好きになるなんて思ってもみなかったし。

「あいつ、昼はいつも購買で済ませてるから、手作りのお弁当分けてあげるのとか絶対グッとくると思うよ〜。私もついていってあげるから！」

いつの少女漫画だよ、と思わないでもないけど、幸い、お弁当を毎日自作するぐらい料理は得意だ。その手でいってみるか。

翌日、いつもより早起きして気合を入れてお弁当を作り始めた。もちろん、台所用品も音の増幅機能付きだ。母が使った時と自分の音を比べて、包丁さばきの参考にしたりしている。う、野菜を切る包丁の音がいつもよりぎこちない……。しかしまぁ、キッチンでもこんなことしてれば、そりゃ音フェチにもなるよね……。そう自分に突っ込みながら、普段の倍の量のおかずを詰め込んだ。

昼休み、彼を待ち伏せるため晴美と一緒に購買に向かった。

「ほら、来たよ」。晴美が指を差した先に、階段を登ってくる彼の姿が見えた。……ヤバい、いきなり緊張してきた。あたしは慌ててジブン効果音のリンクをウェアラブル端末に切り替えた。鼓動がイヤホンから聞こえてくる。こうすれば、いつもなら冷静さを取り戻すことができるんだけど……ダメだ。おさまるどころか、どんどん激しくなっていく。もはや、今まで聞いたことがないくらい爆速ビートのドキドキだ。うう、自分の鼓動の音で頭がクラクラしてきた……。

「……ごめん、今日はやっぱムリ！」

晴美を残してその場から走り去り、思わず部室に逃げこんでしまった。何度か深呼吸をしたけれど、心臓の音は全然おさまる様子がない。恋の音には、まだまだ慣れることができなそうだ。

静かなオフィスやカフェ、図書館で、他の人のパソコンのキーを叩く音が気になったことってありませんか？　あるいは、学校の試験中に他の人の鉛筆のカリカリという音が気になって集中できなかった、という経験がある人も多いのではないでしょうか。自分以外の人のキーや鉛筆の音って、一度気になりだすとなかなか耳から離れませんよね（まぁ、僕も割と強めにキーを打ってしまう方なので大きな声では言えないのですが）。

でも、自分が打つキーの音や鉛筆の音が気になってしまう、という人はあまりいないでしょう。むしろ、自分の行動で発する音は、継続力やモチベーションを高め、作業の効率や質を向上させる働きがあるんです。私が勤めている博報堂が、高知県佐川《さかわ》町、神戸《こうべ》市などの参加するソーシャルデザインプロジェクトissue+designと協働で開発したWrite Moreという学習支援プロダクトがあります。木でできたこのボードは、スマホを接続することで、ものを書く際に生じる筆記音を増幅します。強調された筆記音が書き手の子供の聴覚を刺激して、文字や絵を描く際の作業効率を向上させる「勉強したくなる机」なのです。

このプロダクトは東京大学苗村《なえむら》研究室による筆記音の強調フィードバックについての研究が基になっているのですが、苗村研究室がアニメ製作会社のアニメーターに協力を仰ぎ、

Write More と同様の仕組みを1ヶ月半使ってもらったところ、イラストの線が以前よりも綺麗になったそうです。協力してくれたアニメーターの方によると、「綺麗な線が書けるときには、綺麗な筆記音が出る」んだそうです。単に作業効率が上がっただけでなく、「綺麗な線の音」というこれまで聞こえなかった音を強調してフィードバックすることで、作業の質を上げる効果まで生まれたんですね。このような五感の相互作用によって生み出される効果についての研究領域はクロスモーダル（感覚間相互作用）と呼ばれており、近年注目を集めています。

Write More は、自分が発した筆記音をフィードバックしている訳ですが、同様の効果は日常の様々なシーンで応用できそうです。例えば包丁の音を強調することができるまな板があれば、「綺麗にスパッと切れた時の音」が分かることで包丁さばきが上手くなったり、あるいはゴルフクラブのスイング音を強調することができれば、「ナイスショットの音」が分かってスイングを改善するのに役立ちそうです。また、別の研究では、アーチェリーの選手に自分の心拍音をバイオフィードバックすることによって、得点を高められるという研究結果も報告されています。

ペンや包丁などの道具を使う音や心拍音など、「自分の発する音」を強調してフィードバックすることは、作業の効率や質を上げるというとても興味深い影響があります。それらが日常生活でも応用されていくとしたら、僕たちの日常はあたかも漫画の1シーンのように、様々な効果音で彩られることになるでしょう。単純に作業の効率や質が上がるというだけでなく、何でもない日常が急にドラマチックなものになっていきそうです。

おわりに

テクノロジーの進歩がもたらす先進的でキラキラした未来像って、私はちょっと苦手です。あまりにもデオドラントされていて、輝きすぎていて、そこにリアルな生活の臭いや息遣いをまったく感じないからです。私がウェアラブル端末や遺伝子検査、ライフログアプリなどを自分の生活に取り入れて感じたのは、良いことばかりではありません。それらによって計測されたマイビッグデータが持つ、ある種のえげつなさも同時に感じていました。

「毒にも薬にもならない」という言葉がありますが、逆にいえば、SNSがそうだったように、強いインパクトを与えるものは「毒にも薬にもなる」のです。そのため、この本ではマイビッグデータの活用がもたらし得る影響を、良い面も悪い面もできるだけ中立的な立場で捉えた上で、そこに私たちがどんな幸せを描き得るか、考察してきたつもりです。

私たちの未来はテクノロジーが創るものではありません。テクノロジーはきっかけの一つに過ぎず、未来の暮らしそのものは、私たち生活者自身が織りなしていくものです。人が織りなすものである以上、それは良いことづくめのキラキラしたものでは決してなく、様々な苦しさや、哀しさ、しょうもなさを必ず内包しているはずです。その意味では、私がこの本を通して見立てたかったのは、次の時代に生まれる新しい「人間の業《ごう》」の姿でもありました。それを直視することで初めて、マイビッグデータを活用する生活のリアルな幸せの形が見えてくるのではないか、そう考えたからです。第6章の未来予測キーワードで描いた未来の暮らしが、少しでも皆さんの共感や新しい発想を生むものであったら、とても嬉しいです。

ウェアラブル端末を使ってみたり、遺伝子検査を受けてみたり、ライフログを取ったりすることが、皆さんにとって有益で、幸せを生むものなのかどうかは分かりません。そもそも、現状ではだいぶ粗削りで、使い勝手も悪い、未完成なテクノロジー達です。でも、私たちはそれらに、それらによって計測されるマイビッグデータに、既に触れることができるのです。そして、触れれば絶対に面白い。私たち自身がマイビッグデータの新しい使い方を編み出せば、それは必ず拡がっていくはずです。私も若輩ではありますが、同じ志を持った方々と協働しながら、そのための活動をこれからも行っていきたいと考えています。

この本が、皆さんが自分のデータを自分で使う一つのきっかけとなり、新しい時代を歩くための杖になってくれることを願っています。

本書を書き上げるにあたり、多くの方のご支援を頂きました。

まず、私の話に興味を持って頂き、なかなか進まない執筆を励ましながら支えて頂いた星海社の今井雄紀さん。今井さんのお力添えがなければ、本書が世に出ることはありませんでした。今井さんと知り合うきっかけを作ってくださった、磯部光毅さんと村山佳奈女さんにも感謝いたします。

私の取材を快く引き受けてくださった様々な分野でご活躍されている皆様、データをご提供頂いたプランタン銀座様、調査活動に協力してくれた多くの若者にも厚く御礼致します。また、第6章のショートストーリーには、実は私が知り合った様々な方をモデルにしているものも含まれています。実名は伏せた上で、御礼を言わせてください。

研究と執筆を進めるにあたり、博報堂生活総合研究所の皆さんには様々な面でご助力頂いています。タイトルや章立てに悩む私と一緒に「一番伝えたいこと」をつきつめて頂いた佐藤圭以子さん、第6章の各ショートストーリーについて、私の原文を基に、構成や表現のディテールに命を吹き込んでくれた中島健登さんには大きなご協力を頂きました。石寺修三さん、夏山明美さんには、経験のない私の執筆を温かく見守り、様々なアドバイスを頂きました。前所長で博報堂生活者アカデミー主宰の嶋本達嗣さん、前顧問で東京経済大学教授の関沢英彦さん、元上司で博報堂メディア環境研究所所長代理の吉川昌孝さんにも御礼を言わせてください。

西尾千絵さん、西本裕紀さんをはじめとする博報堂広報室の皆さんには、いつにも増してご助力を頂きました。そして、研究初期の段階から私に様々な示唆を与え続けてくださった、博報堂執行役員の田中廣さんにも厚く感謝申し上げます。

最後に、この本を最後まで読んで頂いた皆様に、一番の大きな感謝を申し上げます。お付き合い頂きまして、本当にありがとうございました。

自分《じぶん》のデータは自分《じぶん》で使《つか》う　マイビッグデータの衝撃《しょうげき》

二〇一五年 七 月二三日 第 一 刷発行

著者　酒井崇匡《さかいたかまさ》

発行者　藤崎隆《ふじさきたかし》・太田克史《おおたかつし》

編集担当　今井雄紀《いまいゆうき》

発行所　株式会社星海社
〒一一二-〇〇一三
東京都文京区音羽一-一七-一四 音羽YKビル四階
電話　〇三-六九〇二-一七三〇
FAX　〇三-六九〇二-一七三一
http://www.seikaisha.co.jp/

発売元　株式会社講談社
〒一一二-八〇〇一
東京都文京区音羽二-一二-二一
(販売) 〇三-五三九五-五八一七
(業務) 〇三-五三九五-三六一五

印刷所　凸版印刷株式会社

製本所　株式会社国宝社

アートディレクター　吉岡秀典《よしおかひでのり》(セプテンバーカウボーイ)
デザイナー　佐藤亜沙美(サトウサンカイ)
フォントディレクター　紺野慎一《こんのしんいち》
本文図版　meyco《めいこ》
校閲　鷗来堂《おうらいどう》

ISBN978-4-06-138574-0
Printed in Japan

68
SEIKAISHA SHINSHO

星海社新書ラインナップ

61 内定童貞 中川淳一郎

本質を見極めれば、就活は怖くない。

就活への恐怖を肥大化させすぎていないだろうか？　大切なのは、「企業の本音」を知り、社会人と「普通に」話し、何より「ウソをつかない」こと。これさえ出来れば、内定は取れる。

64 いいデザイナーは、見ためのよさから考えない 有馬トモユキ

いいデザインには、ロジックがある！

「デザイン」は、「デザイナー」と呼ばれる人たちの専売特許ではありません。センスや絵心のせいにするのはいい加減やめにして、共に「デザインの論理」について学びませんか？

65 整形した女は幸せになっているのか 北条かや

顔さえ変えれば、うまくいく？

時に幸せの必要条件であるかのように語られる「美しさ」。後天的に美を獲得した女性は、同時に幸福も得ているのか？　現代社会のいびつな問いに、社会学の俊英が挑む。

SEIKAISHA
SHINSHO

次世代による次世代のための

武器としての教養
星海社新書

星海社新書は、困難な時代にあっても前向きに自分の人生を切り開いていこうとする次世代の人間に向けて、ここに創刊いたします。本の力を思いきり信じて、**みなさんと一緒に新しい時代の新しい価値観を創っていきたい。若い力で、世界を変えていきたいのです。**

本には、その力があります。読者であるあなたが、そこから何かを読み取り、それを自らの血肉にすることができれば、一冊の本の存在によって、あなたの人生は一瞬にして変わってしまうでしょう。**思考が変われば行動が変わり、行動が変われば生き方が変わります。**著者をはじめ、本作りに関わる多くの人の想いがそのまま形となった、文化的遺伝子としての本には、大げさではなく、それだけの力が宿っていると思うのです。

沈下していく地盤の上で、他のみんなと一緒に身動きが取れないまま、大きな穴へと落ちていくのか？　それとも、重力に逆らって立ち上がり、前を向いて最前線で戦っていくことを選ぶのか？

星海社新書の目的は、**戦うことを選んだ次世代の仲間たちに「武器としての教養」をくばることです。**知的好奇心を満たすだけでなく、自らの力で未来を切り開いていくための〝武器〟としても使える知のかたちを、シリーズとしてまとめていきたいと思います。

2011年9月

星海社新書初代編集長　柿内芳文

SEIKAISHA
SHINSHO